PARIS 2024
태권도의 영웅들

저자 **엄성흠·최영석**
감수 **정국현** 기획 **권혁신**

PARIS 2024
태권도의 영웅들

저자 **엄성흠·최영석**
감수 **정국현**   기획 **권혁신**

초판 발행 · 2025년 1월 15일
저작권자 · ISL (이노베이션스토리랩)
편집 · 디자인 · 제작 · 대한미디어
신고번호 · 제2004-000154호
전화 · (02)2267-9731
팩스 · (02)2271-1469
홈페이지 · www.daehanmedia.com
ISBN 979-11-981015-2-5 03690
정가 17,000원

ⓒ 엄성흠, 최영석 2025

이 책은 저작권법에 의하여 보호받는 저작물이므로 무단 전재하거나 복제하여 사용할 수 없습니다.

PARIS 2024
태권도의 영웅들

저자 **엄성흠·최영석**
감수 **정국현** 기획 **권혁신**

서문

엄성흠 · 최영석

국기(國技, National Sports)는 어떤 국가를 상징하는 스포츠 및 기예를 가리킨다.

이 국기가 무엇인지는 나라에 따라 다른 것이 자국의 선수들이 대회에서 좋은 성적을 내거나 국민적 인기가 많은 스포츠가 국기가 되는가 하면 해당국의 스포츠 문화에서 중요한 위치를 차지하거나 민·관의 지원이 두터운 스포츠가 국기가 되기도 한다. 보통은 해당국의 인기 스포츠를 그 나라의 국기라고 표현하곤 한다.

국교(國敎)의 예와 같이 반드시 어떤 나라의 국기가 그 나라에서 기원한 것일 필요는 없다. 다만 많은 스포츠 또는 기예에서 국기가 종주국인 때에 문화적 영향에 따른 강세를 보이는 경향이 있다.

그렇다면 세계 톱 10에 드는 스포츠 강국 대한민국의 국기(國技)는 어떤 스포츠일까? 프로 스포츠로서의 인기나 화제성으로는 프로야구라고 하는 사람도 있을 것이고, 월드컵과 올림픽 등 국제대회 때마다 쏠리는 전 국민적인 관심도를 기준으로 평가하여 국가 대표 축구라고 하는 사람도 있을 것이다.

또 하계 올림픽 때마다 효자 종목으로 금메달을 여러 개 보장하는 양궁을 꼽는 이도 있을 것이다. 그 외에도 씨름, e스포츠 등은 대한민국이 그 종주국이기에 이들 스포츠를 국기라고 할 수도 있다.

하지만 명실상부, 자타가 공인하는 대한민국의 국기는 바로 태권도

이다. 태권도는 바로 대한민국이 종주국이며, 2018년 태권도인 출신의 이동섭 의원이 대표 발의한 태권도진흥법 개정안이 통과됨에 따라 성문법으로 지정된 대한민국의 첫 국기가 되었다.

그리고 2000 시드니 올림픽에서 첫 올림픽 정식 종목으로 채택된 이래, 태권도는 양궁 못지않은 올림픽 효자 종목으로서 역할을 톡톡히 해왔다.

하지만 최근 들어 전 세계 여러 나라의 태권도 수준이 상향평준화됨에 따라 국제 대회에서 대한민국의 위상은 위협받기 시작했고, 급기야 2020 도쿄 올림픽에서는 노 골드라는 수모까지 감수해야 했다.

이에 대한민국의 선수와 지도자, 협회까지 일치단결하여 2024 파리 올림픽을 준비했고, 사상 최초로 선수별 전임 코치제를 도입하여 훈련 효과를 극대화했다.

그런 노력에 힘입어, 대한민국 태권도 국가 대표팀은 금메달 2개와 동메달 1개를 따내며 8년 만에 종합 순위 1위에 오름으로써, 명예 회복에 성공했다. 뿐만 아니라 대한민국 태권도가 배출한 세계적인 지도자 최영석 감독은 애제자 파니팍 웡파타나킷의 올림픽 2연패에 결정적인 역할을 해냈다. 이 모두가 대한민국 태권도의 우수성과 태권도인들의 열정, 헌신을 드러내는 결과라 할 수 있다.

이 책은 그러한 대한민국 태권도 인들에 대한 이야기다.

이 책을 통해 많은 이들이 대한민국 태권도에 대해 이해하고, 애정 어린 시선으로 지켜보는 계기를 얻었으면 하는 바람이다.

추천사

한국체육대학교 태권도학과 교수 **정국현**

안녕하십니까? 한국체육대학교 태권도학과 교수 정국현입니다.

이번에 제가 이 책 『2024 파리 올림픽 태권도의 영웅들』의 감수를 맡아 이 책의 출간을 음과 양으로 돕고, 이렇게 추천사까지 쓰게 되어 매우 영광스럽게 생각합니다. 이 책은 파리 올림픽 기간 동안 놀라운 업적을 세운 선수들과 코칭 스태프의 성과와 노력을 기록할 뿐만 아니라 자라나는 태권도 꿈나무들에게 영감을 주는 역할도 할 것입니다.

2024 파리 올림픽에서 대한민국 태권도는 환골탈태한 모습을 보였습니다. 지난 2020 도쿄 올림픽에서 노 골드라는 최악의 성적표를 받아야만 했던 대한민국 태권도는 이번 올림픽에서 태권도 종주국의 위치를 되찾았습니다.

특히 박태준 선수는 남자 58kg 이하급에서 남다른 기량과 투지를 보여 주며 금메달을 획득했고, 김유진 선수도 여자 57kg 이하급에서 세계 강호들을 모조리 격파하며 우승하여 대한민국 태권도의 우수성을 만방에 알렸습니다. 이다빈 선수는 67kg 이상급에서 동메달을 획득하며 유종의 미를 거뒀고, 80kg 이하급의 서건우 선수는 아쉽게 메달 획득에는 실패했지만, 눈부신 투혼을 보여 줬습니다.

또한 이번 파리 올림픽에서는 다양한 국가의 선수들이 역사적인 이정표를 세우면서 우승하여 태권도의 넓은 저변을 보여 줬습니다.

여자 67kg 이상급에서 알테아 로린이 우승하여 프랑스 최초의 태권도 올림픽 금메달리스트가 된 것은 올림픽 개최국 프랑스 내에서도 태권도가 인기 스포츠임을 입증한 결과입니다.

또한, 태국의 파니팍 웡파타나킷은 올림픽 2연패에 성공한 최초의 태국 선수가 되었습니다. 그를 발굴하고 지도했을 뿐만 아니라 결승전에서 두 번의 비디오 판독 신청으로 금메달 획득에 결정적인 역할을 해낸 최영석 감독은 6회 연속 올림픽 메달 획득이라는 위업을 달성했을 뿐 아니라 이 책의 공동 저자로서 자신의 경험을 함께 나누었습니다.

이 책의 또 다른 저자 엄성흠 코치는 파니팍의 재활을 담당하여 그녀가 올림픽 2연패를 이루는 데 조력자로서 크게 기여했습니다. 이 책은 그들의 피와 땀으로 쓴 역사책이라고 할 수 있습니다.

한편 이번 파리 올림픽에서 태권도는 올림픽 정식 종목으로서 더욱 진화한 모습을 보여 주었습니다. 또, 출전 선수가 기존 100명에서 128명으로 확대되었으며, 국제올림픽위원회(IOC)에 의해 핵심 종목으로 선정되었습니다.

출전 기준도 강화되어 선수들은 국기원 단증을 소지하고 세계태권도연맹(WT) 요구조건(GMS 선수등록)을 충족해야 출전 자격을 얻을 수 있었습니다.

경기 규칙 또한 새로운 규칙이 도입되어 앞발 커트를 최소화하기 위해 3회 연속 또는 3초 연속 커트 발차기 시 감점이 주어졌으며, 맞붙은 상태에서 뒤통수를 차는 경우에도 감점 규정이 적용되었습니다.

여기에 더해 3회전 2선승제가 도입되고 비디오 리플레이의 전략적 활용으로 경기의 박진감과 역동성을 높여 관중들과 시청자들에게 스릴 넘치고 예측 불가능한 승부를 선사했습니다.

이는 태권도가 하계 올림픽의 인기 종목으로서 오랫동안 사랑받도록 세계태권도연맹이 지속적으로 노력하고 있음을 보여 주는 증거입니다.

이 책은 태권도의 다섯 가지 덕목인 '인내와 용기, 예의와 정의, 봉사'에 대한 이야기를 담고 있습니다.

저는 이 책을 읽으면서 세계 선수권 대회 4연패와 1988년 서울 올림픽 금메달을 획득한 저 자신의 여정을 돌이켜보고, 저도 그 덕목을 지키기 위해 끝없이 노력해 왔음을 깨달았습니다. 이 책에 등장하는 태권도 선수들은 그 덕목을 실천하면서 상대와의 경기뿐 아니라 자신과의 싸움에서도 이기기 위해 전력을 다했음을 독자 여러분도 느끼실 수 있을 겁니다.

이 책은 단순한 승리의 기록이 아닙니다. 태권도가 장려하는 스포츠 정신과 보편적 가치를 나타내는 이정표입니다. 저는 전 세계에서 태권도가 단순한 스포츠가 아닌 하나의 무도(武道)로서 개개인과 그 사회에 얼마나 큰 영향력을 끼치는지 알고자 하는 이들에게 이 책을 추천합니다.

목차

서문 4

추천사 6

1. 이것이 태권도의 진수다! 10
   1) 윙크보이 박태준 12
   2) 인터뷰 20

2. 랭킹은 숫자에 불과하다! 26
   1) 독한 여전사! 김유진 28
   2) 인터뷰 35

3. 유종의 미를 거두다 42
   두 대회 연속 메달을 딴 이다빈 44

4. 이제부터 시작이다 52
   무한한 가능성을 보여 준 서건우 54

5. 고질적인 부상을 극복한 태국의 별 60
   1) 태국 사상 최초 올림픽 2연패한 파니팍, 스승에게 큰절하다 ... 62
   2) 무에타이의 나라 태국의 태권도 대부 최영석 감독 67
   3) '테니스' 파니팍, 그녀의 재활 과정 78

6. 장애인 태권도 86
   1) 국내 최초 장애인 태권도 세계선수권 금메달리스트 한국현 ... 88
   2) 나사렛대학 태권도학과 한승용 교수 94

부록 100
   전국 태권도학과 소개

이것이 태권도의 진수다!

16년 만에 남자 태권도 금메달을 딴
박태준과 정을진 감독

Part.01

태권도의 **영웅들**

01 이것이 태권도의 진수다!

16년 만에 남자 태권도 금메달을 딴
박태준과 **정을진** 감독

1) 윙크보이 박태준

　박태준(20·경희대)은 대한민국 선수 최초로 2024년 파리 올림픽 태권도 남자 58㎏ 이하급에서 금메달을 땀으로써 한국 태권도의 '새 역사'를 썼다.

　세계 랭킹 5위이었던 그는 2024년 8월 8일 프랑스 파리의 그랑팔레에서 열린 2024 파리 올림픽 태권도 남자 58㎏ 이하급 결승에서 가심 마고메도프(아제르바이잔·26위)를 맞아 상대 선수의 부상으로 기권승을 거뒀다.

　경기 시작과 함께 마고메도프의 몸통을 발로 차 선제 득점한 박태준은 이후에도 강력한 공세를 이어 갔다.

　그런데 라운드 종료 1분 7초 전 마고메도프가 발차기를 하다가 갑자기 왼 정강이 부위의 통증을 호소하며 쓰러졌다.

　몇 분간 휴식하며 치료를 받은 마고메도프가 가까스로 다시 일어서며 경기가 재개됐지만, 여전히 거동이 불편했던 그는 연이어 박태준에게 공격을 허용했고 1라운드는 9대 0. 박태준의 압승으로 끝났다.

1라운드 끝난 후에도 제대로 걷지 못해 코치의 부축을 받아 경기장에서 내려온 마고메도프는 2라운드에 다시 복귀했다. 하지만 박태준은 그를 조금도 봐주지 않고 발차기 공세를 휘몰아쳤다. 어렵사리 버티던 마고메도프는 13대 1까지 점수 차가 벌어진 경기 종료 1분여 전 또다시 경기장에 쓰러졌다.

결국 마고메도프가 기권하면서 박태준의 우승이 확정됐다.
이로써 박태준은 대한민국 최초로 이 체급 올림픽 금메달리스트가 되었다.

이전까지 대한민국의 이 체급 최고 성적은 '태권도 스타' 이대훈 대전시청 코치가 2012 런던 올림픽에서 은메달을 딴 것이었다.
대한민국 남자 선수가 태권도에서 금메달을 딴 것도 무려 16년 만의 일로 2008 베이징 올림픽 손태진(68kg 이하급), 차동민(80kg 초과급) 이후 처음으로 박태준이 시상대 맨 꼭대기에 올랐다.

같은 날 펼쳐진 8강전 3라운드에서 박태준은 시리앙 라베(프랑스)를 상대로 피 말리는 접전 끝에 스코어 5대 4의 극적인 승리를 거뒀다.
3라운드 종료 30초를 앞둔 상황에서 2대 4로 뒤지고 있던 그는 적극적인 공격을 퍼부은 끝에 돌려차기에 성공하며 순식간에 역전에 성공했다.

준결승에선 세계 랭킹 1위 모하메드 칼릴 젠두비(튀니지)를 만나 2대 0으로 완파했다.

결승전 상대 마고메도프도 준결승에서 도쿄 올림픽 금메달리스트이자 랭킹 4위의 강호 비토 델라킬라(이탈리아)를 잡는 이변을 일으키는 등 상승세가 무서웠으나 결승전에서 불의의 부상을 당하며 아쉬움의 눈물을 흘려야 했다.

박태준은 최근 2년간 엄청나게 성장했다는 평가를 받는 대한민국 태권도의 '초신성'이다. 한성고 재학 중이었던 2022년 국가 대표로 처음 선발된 박태준은 2022년 10월 월드그랑프리 시리즈를 우승해 국제 무대에 이름을 알렸다. 그리고 2023년 아제르바이잔 바쿠에서 열린 세계선수권대회(54kg 이하급)에서도 정상에 섰다.

2024년 2월에는 올림픽 선발전에서 대한민국 태권도의 간판이자 이전까지 상대 전적 6전 전패를 기록하고 있던 세계 랭킹 3위의 장준을 생애 처음으로 꺾고 올림픽 티켓을 따내더니 이번 대회 금메달의 영광도 손에 넣었다.

박태준은 "장준 형은 워낙 잘하고 세계적인 선수다. 올림픽에서 메달도 한 번 딴 선수."라며 (장준을 선발전에서 이긴 후) "더 해야겠다, 할 수 있다라는 다짐, 각오가 많이 생겼다."라고 말했다.

경기 후 인터뷰에서 그는 "이거 꿈 아니죠?"라고 물으며 "올림픽 금메달은 모든 스포츠인의 꿈인데, 내가 이를 이룰 수 있어서 기쁘고 영광입니다."라고 소감을 밝혔다.

한국 태권도 역사상 처음으로 올림픽 남자 58kg 이하급을 제패한 그는 "금메달을 딴 순간 그동안 준비했던 과정이 파노라마처럼 스쳐 순간 울컥했다. 그동안 금메달을 위해 살아온 것 같다."라며 벅찬 감격을 만끽했다.

유치원 시절 친구를 따라 도장에 갔다가 태권도를 처음 접한 박태준은 초등학교 5학년 때부터 본격적으로 선수 생활을 시작했다.

고등학교에 입학했을 때까지만 해도 체격이 작은 편이었지만 이후 키가 180㎝까지 자라면서 선수로서도 크게 성장했다.

이대훈 대전시청 코치의 자취를 따라 한성고에 입학할 정도로 그를 존경하는 박태준은 "이제 한성고에 올림픽 금메달을 추가할 수 있게 됐다."라며 기뻐했다.

2012 런던 올림픽 결승에서 호엘 곤살레스 보니야(스페인)에게 패해 은메달을 목에 건 이대훈 코치는 2016 리우네사네이무 올림픽에서도 동메달에 그쳤다. 결국 그랜드슬램 달성에 실패한 이 코치와 달리 박태준은 올림픽 첫 출전에 금메달을 따며 이 코치를 뛰어넘었다. 그가 결승전을 치르기 위해 그랑팔레 계단을 이어폰을 낀 채 내려오는 장면도 많은 화제를 불러일으킨 명장면이었다.

당시 그가 듣고 있던 노래는 가수 데이식스의 히트곡 '한 페이지가 될 수 있게'였다. 이에 대해 박태준은 "오늘 한 페이지를 한번 만들어 보고 싶어서 들었다."라고 말하며 웃었다. 그 말처럼 박태준은 남자 58kg 이하급 최초의 금메달 획득이라는 한 페이지를 대한민국 태권도 역사에 남겼다.

"금메달을 따면 자기 목에 걸어 달라."라고 했던 세 살 터울의 동생 박민규의 요청을 떠올린 박태준은 "그렇게 할지 한 번 고민해야 할 것 같다."라고 말하며 환하게 웃었다.

올림픽이 끝나고 난 후 출연한 방송 예능 프로그램에서 결승전에서 쓰러져 있는 상대 선수를 발로 찬 것에 대한 질문을 받은 박태준은 "선수 입장에서, 선수 시야에서는 상대 선수와 심판밖에 안 보인다. 상대 선수가 등 돌렸다는데 발 내딛고 뒤늦게 심판이 수신호를 했다. 나는 경기에만 너무 몰입했다."라고 해명했다.

또 그는 "아무래도 결승이라 그런 듯하다. 나도 시합하면서 손가락이 빠졌는데 참고 했다. 상대 선수가 얼마나 아팠는지 모르지만……." 이라며 본인 또한 부상을 안고 경기했음을 밝혔다.

이어 시상식 때 상대 선수를 부축해 준 것에 대해 "시상식 대기 중인데 그 선수가 앉아 있길래 괜찮냐고 물어보니 당연히 일어날 수 있는 상황이라고 축하한다고 답했다. 그에 내가 장난으로 '업고 가 줄까?'라고 했는데 업어 줄 필요까지 없고 부축만 해달라고 해서 부축해 준 것."이라고 비하인드 스토리를 전했다.

또 박태준은 이번 올림픽을 통해 '윙크보이'라는 별명이 생겼다며 "준결승 끝나고 나도 모르게 좋아서 총 쏘는 세리머니를 했다. 총 쏜 것만 기억나는데 사진을 보니 내가 윙크를 하고 있더라."라고 밝히며 자신의 별명에 대한 만족감을 드러냈다.

한편 경희대에서 박태준을 신입생 시절부터 지도해 온 정을진 코치는 이번 올림픽을 준비하며 박태준의 힘과 체력을 키우는 데 훈련의 주안점을 두었다. 그는 "올림픽을 대비해 힘과 체력을 세 배로 올려놨다. 그 과정에서 무릎도, 허리도 매우 아팠는데 이겨내 줘서 고맙다."라고 말했다. 특히 세계 랭킹 1위인 모하메드 칼릴 젠두비와의 준결승에서 박태준의 향상된 피지컬이 빛을 발했다.

정을진 코치는 박태준을 '천재'보다는 '노력가'로 평가했다. 그는 "태준이는 진짜 열심히 하는 선수다. 인성도 좋고, 머리도 똑똑하다. 특히 다른 선수가 잘하는 것을 자기 무기로 만드는 능력이 탁월하다."라고 칭찬했다.

정 코치는 "지난 2월 박태준이 파리 올림픽 출전권을 따낸 뒤부터 어떻게 하면 시상대 가장 높은 곳에 오를 수 있을지 전략을 세웠다. 6개월 가까이 계획을 세우는 게 쉽지 않은데 대표팀과 대학팀에서 모두 동일하게 훈련할 수 있었기 때문에 가능했다. 이로 인해 상대 분석, 맞춤 전략, 변칙 작전 등 다양한 준비를 할 수 있었고 금메달이라는 값진 결실을 맺었다."라고 말했다.

하지만 정작 결승전에서 상대 선수 마고메도프가 경기 도중 다리를 다쳐 결국 기권하면서, 박태준과 정 코치는 마음껏 승리를 즐기지 못

했다. 정 코치는 "멋있게 경기해서 1등 하고 싶었는데 (상대가) 너무 아파하니까 미안하기도 하고 마음이 안 좋았다."라고 말했다. 그러나 마음은 마음이고, 경기는 경기, 박태준은 2라운드에서도 공격을 계속해 결국 상대 선수의 기권을 이끌어냈다.

정 코치는 "2라운드는 아예 전의를 상실하도록 할 필요도 있었다. 여지를 주지 않도록 확실히 눌러야 한다."라고 설명했다.

이번 금메달은 박태준과 정을진 코치가 합작한 최고의 결과이다. 이들은 태권도의 종주국인 한국의 자존심을 드높이며 시상대의 가장 높은 곳에 올랐다.

2) 인터뷰

올림픽이 끝나고 오랜 시간이 흐른 후 경희대에서 두 사람과 만났다.

엄성흠: 반가워요. 이번에 가족들이랑 응원 엄청 많이 했어요. 좀 올림픽 끝나고 좀 쉬는 시간이 있었지 않습니까? 어떻게 지내셨어요?

박태준: 여기저기 인사드리러 다녔습니다. 또 전국체전 대회가 있어서 관전하고 운동하면서 학교 생활을 했습니다.

엄성흠: 아직 어린 나이잖아요? 근데 올림픽이라는 큰 무대에 갔을 때 부담감 같은 건 없었나요?

박태준: 네, 그런 건 딱히 없이 편하게 뛰었던 것 같습니다.

엄성흠: 이번 올림픽은 전담 코치제가 도입되었잖아요? 코치 님과의 호흡은 어땠나요? 누구보다 박태준 선수에 대해 잘 아셨을 것 같은데요.

박태준: 대학교 입학부터 계속 감독님이랑 선생님이랑 훈련을 해왔기 때문에 제일 잘 맞는 분들이었고 또 올림픽 기간 동안은 하루도 안 빠지고 맨날 계속 함께 있어서 좀 더 세밀하게 지도해 주시고 저한테 부족한 걸 지적해 주셔서 금메달을 따는 데 큰 도움이 됐습니다.

엄성흠: 요번 금메달이 8년 만에 나온 거잖아요. 저도 경기를 라이브로 지켜봤는데 솔직히 박 선수는 20대 같지가 않더라고요. 전혀 긴

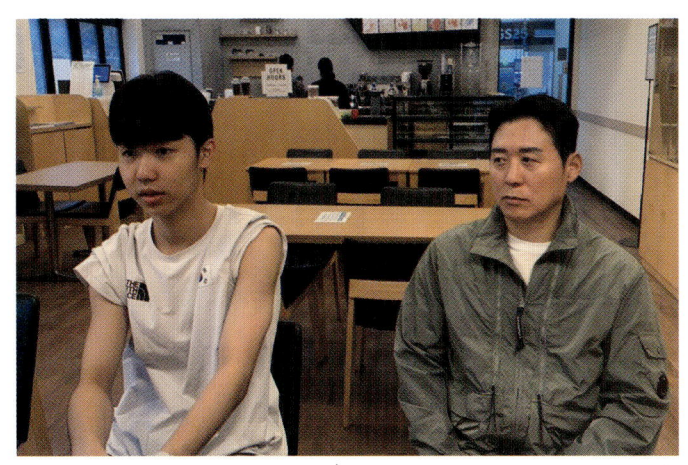

장하지 않고, 대담하고 여유 있게 경기를 이끌어 가는 게 백전노장 같았습니다.

정을진: 태준이는 정말 대담합니다. 다른 선수들은 큰 대회에 나왔다는 긴장감에 위축되어 경기력이 다 나오지 않는데 태준이는 오히려 더 집중력이 강해지고, 큰 경기장에서 관중들이 많을 때 더 즐기고, 자기가 준비했던 걸 다 발휘했습니다.

엄성흠: 이게 경기장에서 보니까 발차기부터 시원한 공격이 이어지더라고요. 그건 연습을 많이 했던 건가요, 상대방을 세밀하게 분석하신 건가요?

박태준: 뭔가 의도한 대로 나왔다기보단 그냥 마침 훈련을 했던 게 그냥 필요한 상황에서 딱딱 나왔습니다.

발차기를 의도하고 연습했다기보다는 그 상대에 대해서 분석한 데이터를 가지고 이 선수는 이 부분에서 이렇게 행동할 거라고 준비했는데, 그대로 움직였어요.

엄성흠: 결승전에서 태준 선수가 상대방을 위로하는 장면이 있었는데 어린 나이에 저런 인성을 보여 줄 수 있나 놀랐어요. 그때 어떤 마음이었나요?

박태준: 그 당시 상대가 부상으로 거의 기권 직전이었지만 이미 이겼다고 생각을 해서 봐줄 이유는 없었습니다. 하지만 어릴 때부터 지금까지 계속 지도자 분들께서 모두 저한테 하시는 말씀이 실력을 갖추기 전에 인성을 갖춰라고 말씀해 주셨어요. 그 영향력이 크지 않나 싶네요.

엄성흠: 국제 대회에서 보면은 이제는 다들 실력이 백지 한 장 차이잖아요? 이제 금메달 따고 난 후부터 근데 그게 그 압박감이 더 심하지 않을까요?

박태준: 압박감을 이제는 즐길 수 있는 거 같습니다.

정을진: 전에 계속 만났던 선수들이라서 마음가짐이 바뀌지는 않을 것 같습니다.

엄성흠: 금메달을 따신 걸 아버님께서 제일 좋아하셨을 것 같아요. 그런데 아버님께서 오랫동안 매일유업에서 근무하셨더라고요. 이번에 대회 끝나고 격려금도 받으셨는데, 어렸을 때부터 매일유업에서 받으신 게 있나요?

박태준: (웃으며) 요거트랑 허쉬 초콜릿 이런 거 많이 먹었습니다.

엄성흠: 앞으로 선수 생활 동안 이루고 싶은 목표가 있나요?

박태준: 앞으로 많은 경기들을 뛰겠지만 다음 LA 올림픽에 한 번 더 나가서 같은 체급에서 금메달을 한 번 더 따는 게 일단은 가장 가까운 목표입니다.

엄성흠: 평소에 체중 유지는 어떻게 하는지 궁금해요.
박태준: 제가 정해 놓은 체중이 있는데 그 체중을 넘으면 안 먹거나 운동해서 빼는 식으로 계속 유지합니다.

엄성흠: 사실 태권도 종목에서 계체량 통과하는 게 쉽지 않은데 평상시 체중하고 시합 나갈 때 체중하고 몇 킬로그램 정도 차이가 나나요?
박태준: 평소 체중을 한 5킬로그램 정도 높게 맞춰 놓고 대회를 한 달 앞두고 5킬로그램 빼는 건 얼마 안 걸립니다.

엄성흠: 역시 프로는 다르네요. 그럼 금메달 땄을 때 제일 먹고 싶은 음식이 뭐였나요?
박태준: 저는 최종 계체를 통과하면 딱히 먹고 싶은 음식은 없고 그냥 아무거나 다 먹습니다. 올림픽 당시에는 아이스크림이나 뭐 디저트 종류가 제일 먹고 싶었어요.

엄성흠: 박태준 선수는 성격이 정말 밝아서 슬럼프가 없을 거 같은데 그래도 혹시나 조금 힘들었던 때가 있었나요?
박태준: 사실 운동할 때는 매번 힘듭니다. 지금도 힘듭니다. 그렇지만 딱히 이렇다 할 슬럼프는 없었습니다.

엄성흠: 그럴 때 기분 전환할 수 있는 비법이 있나요?

박태준: 저는 말의 힘을 믿기 때문에 긍정적으로 말하는 것이 언제나 도움이 된다 생각합니다. 그리고 제가 정해 놓은 목표를 계속 상상하면서 버티는 것 같습니다.

엄성흠: 태권도 발차기 기술 중에 제일 자신 있는 발 기술로 돌려차기를 꼽았더라고요. 경기에서 위기에 처할 때 발휘할 수 있는 기술이 어떤 게 있나요?

박태준: 저는 뭐 한 가지를 잘한다기보단 그냥 상황에 맞춰서 상황에 필요한 발차기를 합니다. 역시 판단 능력이 제일 중요한 것 같습니다.

엄성흠: 선수는 센스가 역시 중요하죠. 박태진 선수가 생각하기에 올림픽에서 좋은 성적을 내는 데 중요한 요소는 무엇이라고 생각하세요?

박태준: 올림픽도 그렇지만 모든 시합이 다 마찬가지인데, 항상 감독님 선생님께서 말씀하신 게 남들이 얼마나 준비가 됐든, 우리만 진짜 자신 있게, 완벽하게 준비하면 그 어떤 시합이든 이길 수 있다는 것이었습니다. 이것저것 다 따져 봐도 제가 완벽한 준비가 돼 있는 게 제일 중요한 것 같습니다.

엄성흠: 그럼 경기 전에 이제 마인드 컨트롤을 어떻게 하는지 궁금해요. 경기 시작하기 전에 어떤 마음가짐을 가지고 임하나요?

박태준: '나는 할 수 있다. 나는 된다.' 이렇게 되뇌고 또 '경기 자체가 긴장된다.' 이런 생각보다 '재미있겠다, 설렌다.' 이런 생각을 하면은 경기 결과도 좋았습니다.

랭킹은 숫자에 불과하다!

혹독한 훈련을 극복하고
정상에 오른 김유진

Part.02

PARIS 2024
태권도의
영웅들

02 랭킹은 숫자에 불과하다!

혹독한 훈련을 극복하고
정상에 오른 **김유진**

1) 독한 여전사! 김유진

김유진이 2024 파리 올림픽에 출전했을 때 그녀의 세계 랭킹은 24위였다.

당초 대한민국은 세계태권도연맹(WT) 랭킹을 통해 남자 58kg 이하급과 80kg 이하급, 여자 67kg 초과급까지 겨우 3장 출전권을 얻었을 뿐이었다. 여자 57kg 이하급의 김유진은 대륙별 선발전까지 가는 우여곡절 끝에 겨우 파리행 막차에 탑승했다.

하지만 랭킹은 숫자에 불과하다는 사실을 입증하듯이 그녀는 세계 랭킹 5위, 4위, 1위, 2위를 모두 꺾고 마침내 꿈에 그리던 금메달을 따냈다.

2024년 8월 8일 프랑스 파리의 그랑팔레에서 열린 파리 올림픽 여자 57kg 이하급 결승전에서 대한민국의 국가 대표 김유진은 나히드 키야니찬데(이란·2위)를 라운드 점수 2대 0(5대 1, 9대 0)으로 꺾었다.

16강에서 하티제 일귄(튀르키예·5위), 8강에서 스카일러 박(캐나다·4위)을 이긴 김유진은 준결승에서 체급 내 최강자인 뤄쭝스(중국·1위)도 꺾더니 마침내 결승전에서 키야니찬데까지 완파했다. 그야말로 '하위 랭커의 반란'이었다.

아울러 이는 2008 베이징 올림픽 임수정 이후 16년 만에 올림픽 여자 57kg 이하급에서 금메달을 따낸 쾌거였다.

대한민국은 이 종목에서 2000 시드니(정재은), 2004 아테네(장지원)에 이어 임수정까지 3연속으로 금메달리스트를 배출했으나, 이후 2020 도쿄 올림픽까지 노 메달이었다. 그런데 김유진이 16년 만에 다시 '금빛 계보'를 써 내려간 것이다.

김유진은 2024 파리 올림픽 첫 경기부터 손쉽게 이기며 금메달 획득을 예고했다. 그녀는 16강전에서 튀르키예의 하티제 일권에게 라운드 점수 2대 0(7대 5, 7대 2)으로 이겼다.

일권은 2021년에 열린 2020 도쿄 올림픽 동메달을 획득한 바 있고, 세계 랭킹도 5위로 김유진보다 훨씬 높았지만, 김유진의 탄탄한 방어에 막혀 대회 첫판부터 패배의 고배를 마시고 말았다.

김유진은 183㎝의 큰 신장을 활용한 선제 공격으로 일권이 다가오는 것을 허락하지 않았다. 그리고 종료 55초 전 머리 공격을 성공, 기선을 제압하고 상대의 거센 추격에도 안정적으로 경기를 리드하며 7대 5로 1라운드를 따냈다.

이어진 2라운드에서도 김유진이 머리 공격 두 방을 먼저 성공한 후 이렇다 할 위기 없이 승리를 따냈다.

이어진 8강전에서 김유진은 캐나다의 스카일러 박에게 라운드 점수 2대 0(7대 6, 9대 5) 승리를 거두었다.

경기 시작 28초 만에 머리 공격을 허용한 김유진은 바로 상대의 몸통을 때려 반격했고, 상대 감점으로 인한 득점으로 1라운드 종료 46초 전 3대 3 동점을 만들었다.

1라운드 종료 19초 전 상대 머리를 향해 날카로운 발차기를 날린 김유진은 이 공격이 비디오 판독 끝에 인정되면서 3점을 앞섰다. 이후 스카일러 박의 거센 추격을 뿌리치고 1라운드를 7대 6으로 승리한 김유진은 2라운드에서도 머리 공격으로 선제 득점을 올렸다.
이어진 공방에서 고삐를 놓치지 않은 김유진은 경기 종료 21초 전 9대 3까지 달아나며 승기를 잡았고 결국 준결승에 진출했다.

그리고 준결승에서 김유진은 숙적이자 세계 랭킹 1위인 중국의 뤄쭝스를 만났다. 2023년 9월에 열린 2022 항저우 아시안게임 준결승에서 김유진은 뤄쭝스에 패해 동메달에 그쳤다.
하지만 김유진은 약 11개월 만의 재회에서 완벽하게 설욕했다.

그녀는 시작부터 적극적인 공격으로 뤄쭝스를 제압했다.
1라운드 시작하고 1분이 지날 즈음 김유진은 뤄쭝스의 머리를 향해 회심의 발차기를 날렸다. 그리고 비디오 판독 끝에 성공을 인정받아 3점을 따냈다. 라운드 종료 21초를 남겨 두고 다시 한번 머리를 향해 발차기를 날린 그녀는 비디오 판독을 통해 점수 획득을 인정받음으로써 6대 0으로 차이를 벌렸다.

이후 상대 감점까지 더해져 7대 0으로 1라운드를 승리한 김유진은 이어진 2라운드에서는 공격의 실마리를 찾지 못했다.

라운드 시작 후 11초 만에 머리 공격을 허용한 후 4차례 감점을 연달아 허용하며 1대 7로 밀렸다.

3라운드에서는 다시 힘을 내 종료 1분 28초를 남겨놓고 머리 공격을 성공하며 3점을 앞서갔다. 그리고 상대 감점으로 한 점을 더 얻어낸 후 또다시 머리를 공격해 3점을 더 얻어냈다. 이후 상대의 파상적인 공세를 가볍게 막아내며 손쉽게 승리를 지켜냈다.

김유진의 결승전 상대는 세계 랭킹 2위인 이란의 나히드 키야니찬데였다. 1라운드 초반 치열한 탐색전이 이어진 가운데 김유진의 철통 같은 수비에 키야니찬데는 좀처럼 활로를 찾지 못했다. 오히려 라운드 종료 13초 전부터 세 차례 감점을 받으며 차이가 벌어졌다.

1라운드를 5대 1로 승리한 김유진은 2라운드 시작 34초 만에 머리 공격을 성공함으로써 앞서 나갔다. 이후에도 김유진은 긴 리치로 상대의 공격을 무력화했고, 오히려 몸통 공격을 두 차례나 성공했다.

다급해진 키야니찬데는 허둥대다가 경기 종료 24초까지 두 차례 감점을 받았고, 6초 전, 스코어가 0대 9까지 격차가 벌어지자, 승부를 포기하고 은메달에 만족할 수밖에 없었다.

사실 김유진은 세계 랭킹 5위 안에 들어 올림픽 출전권을 얻은 다른 대표팀 동료와 달리, 세계 랭킹이 낮아 대한태권도협회 내부 선발전과 대륙별 선수권 대회를 걸쳐 올림픽 출전권을 따내야만 했다.

지난 3월 중국 타이안에서 열린 아시아 선발전 4강에서 줄리맘(캄보디아)을 꺾고 체급별 상위 2명에게 주는 파리행 티켓을 따냈고, 결국 이번 올림픽에서 금메달까지 획득했다.

김유진은 여덟 살 때 할머니의 권유로 태권도를 시작했다.
열두 살 때 작은 태권도 대회에 나갔는데 거기서 1등을 하면서 그를 계기로 아버지께 전문 태권도 선수가 되고 싶다고 했다.
2022년 무릎 부상으로 위기에 봉착하기도 했으나 훈련에 더욱

몰입해 슬럼프를 극복했다. 이후 2022 항저우 아시안게임 동메달, 2023 로마 월드태권도 그랑프리 3위, 2024 다낭 아시아태권도선수권대회 1위 등의 성적을 기록하며 두각을 나타냈고, 결국 2024 파리 올림픽에서 금메달을 획득했다.

한편 이번에 김유진이 여자 57kg 이하급 정상에 오르도록 도운 사람은 손효봉 울산 시 체육회 태권도부 감독이다. 김유진의 전담 코치로 이번 대회를 함께 준비한 손 감독은 김유진이 하위 랭커의 반란을 일으키는 데 큰 역할을 했다.

2022년부터 울산 시 체육회 팀에서 김유진을 지도해 온 손 감독은 파리 올림픽 출전권을 따낸 뒤 곧바로 준비에 돌입했다. 그 준비 과정은 치밀하고 철저했다. 이번 대회에서 만날 가능성이 높은 예상 상대를 분석하는 것을 넘어, 승리하기 위한 상대별 맞춤형 전략까지 세웠다. 이번 대회에서 빛을 발한 김유진의 긴 다리를 이용한 한 박자 빠른 공격도 이때 만들어졌다.

서로에게 확고한 신뢰감을 가지고 있던 김유진과 손 감독은 그녀의 경기력이 올라오지 않아도 조급하게 굴지 않았다. 최상의 경기력을 발휘하는 시점을 경기 당일인 2024년 8월 8일에 맞춘 만큼 차분하게 경기를 준비했다. 오랜 기간 함께해 온 손 감독과 대회를 준비한 결과물은 금메달이었다. 김유진은 결승전에서 금메달 획득을 확정한 뒤 손 감독과 얼싸안으며 감격을 함께 나눴다.

2) 인터뷰

엄성흠: 세계 상위권 선수들을 꺾고 정상에 오른 소감이 어떤가요?

김유진: 올림픽 출전 자체가 영광이었어요. 좋은 성적을 내게 돼서 스스로 대견스러워요. 종주국의 위상을 드높인 것 같아 그 점에 대해서도 되게 뿌듯해요. '한 판, 한 판 집중하자'라고 계속 되뇌었어요.

사실 준결승에서 이기고 은메달을 확보했다는 것 자체가 너무 뜻깊었죠. 시상식에서 애국가가 울릴 때 가슴이 벅차서 말로 뭐라 말로 표현할 수 없는 감정들을 느꼈던 것 같아요. 특히 훈련하면서 힘들었던 순간들이 스쳐 지나가면서 '잘 버텨 왔다'라는 안도감도 들었어요.

엄성흠: 결승전에서 승리한 후 환호성을 터트렸는데, 어떤 감정이었나요?

김유진: 처음에는 현실이 믿기지 않았어요. '내가 해냈구나' 하는 울컥함이 있었어요. 모든 게 다 감사한 것 같아요. '다음은 없다'라는 생각과 '할 수 있을 때 한 발 더 차자'라는 마음가짐으로 간절하게 올림픽을 준비했거든요. 그 덕분에 박진감 넘치는 경기들이 나오지 않았을까 싶어요.

엄성흠: 올림픽 경기를 치르면서 위기의 순간은 없었나요?

김유진: 준결승에서 중국의 뤄쭝스 선수와 할 때가 가장 고비였어요. 그 선수와 경기할 때에 2회전을 내줬을 때가 정말 힘들었거든요. 3회전까지 가게 되면서 체력적으로 너무 지친 상태였는데 그동안 훈련했던 것들이 머릿속을 스쳐 지나가더라고요. 그래서 더 악착같이 했

어요. 그 선수를 이기기 위해 정말 많은 훈련을 하고, 저의 파트너 선수들이 큰 고생을 했기 때문에 꼭 이겨야만 했습니다.

다행히도 준비했던 것들을 다 펼치고 왔어요. 의문점이 드는 경기는 없었어요. 저는 경기에 임할 때 무조건 '차분하게 냉정하게 하자' 주의에요. 흥분하지 않으려고 애썼어요. 이기고 있어도 너무 들뜨지 않으려고 했어요.

그런데 결승전 직전에는 마음을 진정하기 쉽지 않더라고요. 준결승전을 힘들게 이기고 올라갔기 때문이에요. 경기가 다 안 끝났으니 계속 침착하자고 심호흡하며 마인드 컨트롤을 했어요.

엄성흠: 대회 비하인드 스토리가 있다면 무엇이 있나요?

김유진: 16강전에서 튀르키예 선수와의 대결이 떠오르네요. 경기 도중 감독님께서 비디오 판독을 요청하셨어요. 제 발차기로 상대 얼굴을 맞춘 줄 아셨는데, 발이 아닌 정강이로 가격해 점수 인정은 안 되는 거였거든요. 감독님이 잘못 보시고 카드를 드신 거죠. 결국 예상대로 점수로 인정받지 못했어요.

경기 이후에 감독님께 여쭤 보니, 깜빡하고 안경을 못 쓰고 오셨대요. 비디오 판독 요청 횟수가 하나뿐이라 기회를 날린 상황이었지만 괜찮았어요. 이길 것이란 확신이 있어서 개의치 않았어요.

엄성흠: 특히 감사한 마음을 전하고 싶은 사람이 있나요?

김유진: 진천선수촌에 계신 백승원 심리상담사 선생님께서 큰 도움을 주셨어요. 한국에서 모든 경기를 지켜보시면서 응원해 주셨어요.

현장에 계셨던 손효봉 감독님은 결승전에 가까워질수록 "이게 끝이 아니다."라고 마음을 다 잡아 주시면서 "네가 다 이길 거야."라고 북돋아 주셨고요. 대표팀 모든 분들이 고생을 많이 하셔서 감사하다고 꼭 인사드리고 싶었어요.

동료 선수들에 대한 고마움도 커요. 제 훈련 스케줄에 맞춰서 따라와 주고 저보다 더 고생한 것 같아요. 제가 운동을 엄청 힘들게 하는 편이어서 많이 힘들었을 거예요. 그런 점에서 미안함도 느껴요.

엄성흠: 할머니에 대한 애정이 각별하다고 들었습니다.

김유진: 할머니는 '엄마' 같은 존재예요. 저를 어릴 때부터 키워 주셨어요. 어떻게 보면 부모님보다 더 소중한 존재라고 할까요. 힘들 때마다 할머니를 떠올리면 절로 힘이 났어요. 저를 위해서, 그리고 할머니를 위해서 더더욱 열심히 한 것 같아요.

훈련 때나 경기할 때 지칠수록 한 발 더 움직이려고 했어요. '여기까지 왔는데 이거 하나 못 버티면 안 된다', '해야 끝난다'라는 생각으로 올림픽 금메달의 순간을 상상하면서 버텼어요. 한국에 돌아오자마자 할머니랑 통화를 나눴어요. 애썼다고, 장하다고 말씀해 주시는데 눈물이 나더라고요. 그래서 같이 울었어요.

엄성흠: 선수로서 자신의 강점은 무엇이라고 생각하세요?

김유진: 제 좌우명이 '평정심을 잃지 말자'예요. 마음 다스리기를 잘해요. 꾸준하게 끝까지 해내는 성격도 있고요. 엄청 자부하는 부분인데, 제가 좀 독해요. 이런 마음가짐과 운이 잘 맞아서 좋은 결과로 이어진 것 같아요.

엄성흠: 특별히 닮고 싶은 선수가 있나요?

김유진: 김연경 배구 선수와 이대훈 태권도 선수에요. 김연경 선수의 강한 정신력과 자신감 넘치는 면모를 닮고 싶어요. 이대훈 선배의 훈련하는 태도, 매사에 최선을 다하는 모습도 본받고 싶어요.

엄성흠: 선수로서 이후 목표는 뭔가요?

김유진: 당장 앞으로는 내년 세계선수권에 출전해서 세계선수권 금메달을 따는 것이고, 더 나아가서 내후년에 아시안게임에 출전해서 금메달을 따서 그랜드슬램 달성하는 것이 목표에요.

꾸준히 잘하고 싶어요. 이 자리를 지키기 위해 어마어마한 노력을 할 거예요. 제 개인의 명예를 위한 것도 있지만 종주국의 자존심을 높이기 위해 힘쓸 겁니다.

엄성흠: 2028 LA 올림픽에서 또 금메달 따는 모습을 기대해도 될까요?

김유진: 제가 세계선수권대회, 아시안게임에서 좋은 성적을 내긴 했어도 눈에 띄는 선수는 아니었어요. 그러다 올림픽에서 빵 터트린 거잖아요. 이번 올림픽 무대는 끝이 아닌 시작이라고 생각해요. LA 올림픽 국가 대표로 선발되겠다고 선언하기보단, 도전하고 싶은 마음이 커요.

엄성흠: 평소에 체중 유지는 어떻게 하시는지? 나만의 체중 감량 비법은?

김유진: 저만의 적정 체중이 있어서 운동 후에 그 적정 체중을 맞추려고 노력해요. 적정 체중을 못 맞췄을 때에는 식단 조절을 하고, 두껍게 입고 뛰거나 사우나를 갑니다. 체중 감량은 늘 정직하게 땀복 입고 뛰고, 적게 먹고 훈련을 많이 해야 해요. 하루 훈련은 많으면 3번을 해요. 한 번에 2시간씩 훈련을 해요. 그래서 미리미리 체중 조절을 했죠. 이번 올림픽 경기 끝나곤 삼겹살과 된장찌개를 먹었어요(웃음).

엄성흠: 나만의 슬럼프 극복 비법이 있나요?

김유진: 저는 슬럼프가 온지도 몰랐는데, 힘들었던 때를 생각해 보니까 그때가 슬럼프이더라고요. 저는 그 당시 슬럼프를 느낄 새도 없이 더 독하게 훈련에 매진했던 기억이 나요. 비법이라고 하면 더 독하게, 강도 높은 훈련을 하는 게 슬럼프 극복 비법이에요.

엄성흠: 가장 자신 있는 태권도 기술은 뭔가요?

김유진: 제 장기는 큰 키를 활용한 오른발 앞발 상단 발차기예요. 앞발 찍기와 앞발 상단입니다.

엄성흠: 올림픽 금메달을 따는 데 가장 중요한 요소는 무엇이라고 생각하십니까?

김유진: 마음가짐이 가장 중요하다고 생각합니다. 큰 무대의 압박감과 긴장감을 이겨낼 수 있는 마인드 컨트롤이 필요하고, 어떤 상황이 오든 할 수 있다는 마음가짐이 가장 중요합니다.

엄성흠: 롤모델이 김연경 선수라고 하셨는데, 올림픽 이후 따로 연락하셨나요? 하셨다면 무슨 이야기를 나눴는지, 못 하셨다면 하고 싶은 말은?

김유진: 올림픽 이후 따로 연락했습니다. 먼저 축하한다고 해주셨습니다. 지금 배구 시즌이니 힘내시라고 말하고 싶네요!

엄성흠: 올림픽이 끝나고 방송과 유튜브에 많이 출연하셨는데, 가장 재미있었던 프로그램과 에피소드는 뭔가요?

김유진: 김연경 선수의 유튜브 채널인 '식빵언니' 유튜브 찍을 때가 재미있었어요. 제 롤모델을 직접 볼 수 있어서 정말 영광이었습니다. '식빵언니' 유튜브 찍을 때 제가 굉장히 부끄러워했던 기억이 나요. 그리고 김연경 선수가 태권도 발차기를 따라 하는데 골반에서 우드득 소리 난 게 너무 웃겼습니다. 마음은 아팠지만…….

엄성흠: 태권도는 팔다리가 길어야 잘할 수 있는 종목인데 얼굴 작고 팔다리 긴 것은 집안 내력인가요?

김유진: 하하, 아닙니다……. 감사합니다.

엄성흠: 팬들에게 많은 선물을 받았을 것 같은데 가장 기억에 남는

선물은? 인스타 팔로우는 얼마나 늘었나요?

　　김유진: 선물을 받기보다는 저를 알아봐주시고 싸인이나 사진 요청해주시는 것들이 감사해요. 인스타 팔로우는 잘 모르겠는데 많이 늘어난 것 같습니다.

　　엄성흠: 대표팀이나 팀 동료 중에선 누구와 가장 친한가요? 타 종목 선수들과도 친한가요?

　　김유진: 대표팀이나 팀 동료들과는 다 친하고요, 타 종목 선수들 중에는 복싱 임애지 선수와 다이빙 김수지 선수와 친합니다!

　　엄성흠: 김유진 선수를 보며 꿈을 키우는 태권도 꿈나무들도 있을 텐데, 해주고 싶은 말이 있다면요?

　　김유진: 포기하지 않으면 다 할 수 있다고, 무슨 일이든 포기하지 말라고 말해 주고 싶어요. 아무리 힘들어도 다 지나가니까 끝까지 포기하지 말라고 말하고 싶습니다.

유종의 미를 거두다

두 대회 연속 메달을 딴
이다빈

Part.03

03 유종의 미를 거두다

두 대회 연속 메달을 딴
이다빈

1) 두 대회 연속 메달을 딴 이다빈

도쿄 올림픽 은메달리스트이자 파리 올림픽 동메달리스트인 이다빈은 우리나라 겨루기의 간판선수였다.

출처: 이다빈 인스타그램

그녀는 고등학생 때 출전한 2014 인천 아시안게임(62kg 이하급)에서 우승하더니 2018 자카르타·팔렘방 아시안게임(67kg 초과급)에서도 금메달을 목에 걸었다.

또 2019년 맨체스터 세계선수권대회와 2016년 마닐라 아시아선수권대회에선 73kg급에서도 정상에 올랐다. 당연히 파리 올림픽을 앞두고 국내외에서 금메달 1순위로 꼽혀 왔다.

기대에 어긋나지 않게 이다빈은 2024년 8월 10일 프랑스 파리의 그랑팔레에서 열린 태권도 여자 67kg 초과급 16강전에서 페트라 스톨보바(체코)를 라운드 점수 2대 0(4대 4 3대 2)으로 꺾었다.

올림픽에서는 동점이 된 라운드는 회전차기로 딴 점수가 더 많은 선수, 머리-몸통-주먹-감점의 순으로 낸 점수가 더 많은 선수, 전자호구 유효 타격이 많은 선수 순으로 승자를 결정한다.

이 기준에 따라 1라운드를 따낸 이다빈은 2라운드도 3대 2로 어렵사리 이겼다. 세계태권도연맹(WT)이 올림픽 직전인 지난 6월까지 집계한 세계 랭킹에서 이다빈은 4위였고, 스톨로바는 67kg 이하급에서 경쟁하다가 이번 올림픽에 체급을 올려 출전했기 때문에 이 체급 랭킹은 없었다. 67kg 이하급에서는 12위였다.

이다빈의 8강전 상대는 저우쩌치(중국)로 2022 항저우 아시안게임 금메달을 딴 선수였다. 당시 그녀는 결승에서 이다빈을 꺾었다. 11개월 만의 설욕전에 나선 이다빈은 저우쩌치를 라운드 점수 2대 1(4대 2, 3대 8, 7대 6)로 제압했다.

2라운드까지 라운드 점수 1대 1로 팽팽한 승부를 계속하던 이다빈은 3라운드에선 경기 종료 33초 전까지 2대 6으로 끌려갔다.

준결승전에 진출하기 위해서는 큰 기술을 성공하여 역전해야만 하는 상황. 마침내 머리 공격을 성공한 이다빈은 상대의 감점까지 유도해 내며 3라운드에서 극적인 역전승을 거뒀다.

하지만 이어진 67kg 초과 준결승 전에서 이다빈은 스베틀라나 오시포바(우즈베키스탄)에게 라운드 점수 0대 2(3대 3, 5대 9)로 분패하며 결승 진출에 실패했다. 세계 랭킹 4위 이다빈은 여태껏 랭킹 9위인 오시포바와 겨뤄 한 번도 패배한 적이 없지만, 이날만은 달랐다.

1라운드 내내 접전을 계속하던 이다빈은 라운드 종료 20여 초를 남기고 헤드킥을 날려 먼저 3점을 획득했다. 하지만 곧바로 상대에게 3점을 내주며 3대 3 동점이 됐고, 라운드 종료 후 합산해 보니 유효타를 더 많이 적중한 오시포바가 첫판 승리를 가져갔다.

2라운드 초반 오시포바에게 헤드킥을 맞아 3점을 내준 이다빈은 이내 몸통을 향해 발차기를 날려 2대 3으로 추격했다. 하지만 다시 몸통과 머리에 발차기 공격을 잇따라 허용하며 5대 9로 스코어가 벌어진 채로 라운드가 끝나면서 결국 패배하고 말았다.

"어느 대회보다 잘 준비했는데……."

준결승전을 아쉬운 패배로 마친 이다빈은 복받치는 아쉬움을 숨기지 못했다.

3년 전 열린 2020 도쿄 올림픽에서 은메달을 딴 이다빈은 두 대회 연속 결승 진출을 노렸지만, 그 바람은 이루어지지 못했다.

이다빈은 "제가 좋아하는 접근 공격 등에서 저만의 플레이가 잘 안 나왔던 것 같습니다. 상대가 제 플레이에 대한 대비를 잘한 것 같은 느낌을 많이 받았습니다"라고 패인을 분석했다.

이다빈은 "아쉬워도 이게 결과라면 받아들여야 하지 않을까요?"라고 말하며 "이 선수와 지난해 12월 그랑프리 파이널 8강전에서 만났는데, 제가 이겨 파리 올림픽 진출권을 따냈습니다. 그래서 '할 수 있다, 부딪혀 보자'라며 자신 있게 상대했는데 져서 아쉽습니다."라고 덧붙였다.

이후 이어진 동메달 결정전에서 이다빈은 로네라 브란들(독일)을 상대로 라운드 스코어 2대 1(4대 2, 5대 9, 13대 2)로 이기면서 동메달을 획득했다.

이다빈은 1라운드가 시작되자마자 머리 공격을 하며 선제점을 따냈다. 이후에도 계속 리드를 지켜서 4대 2로 승리를 거뒀다.

2라운드엔 먼저 점수를 허용했다. 이다빈이 주먹 공격을 시도했지만 먹혀들지 않은 반면 브란들의 얼굴 공격은 인정되면서 먼저 점수를 내줬다.

이후에도 공방이 이어졌지만, 이다빈의 얼굴 공격은 비디오 판독 결과 인정되지 않았고, 브란들의 연속 공격은 인정이 돼 점수차가 더 벌어진 채 패했다.

두 선수 모두 체력이 떨어진 채 시작한 3라운드에서는 이다빈의 화

려한 공격이 빛을 발했다. 이다빈은 선제 머리 공격으로 3점을 먼저 따냈다. 이어 그녀의 뒤후리기가 브란들의 머리를 정확히 가격하자 브란든의 헤드기어가 벗겨졌다.

주심은 이다빈의 득점을 바로 인정하진 않았지만, 비디오 판독 결과 5점을 인정받았다. 무려 8점을 앞서 나가며 여유를 되찾은 이다빈은 손쉽게 경기를 운영해 나갔다.

경기 종료 시간이 다가올수록 마음이 조급해진 브란들은 이다빈을 몰아붙였지만, 체력이 바닥까지 떨어진 브란들의 공격은 위력적이지 못했다. 결국 이다빈은 3라운드를 13대 2로 일방적으로 승리하며 동메달을 차지했다. 이로써 이다빈은 2020 도쿄 올림픽 은메달에 이어 두 대회 연속 올림픽 메달리스트가 됐다.

울산에서 태어나 초등학교 시절을 보낸 이다빈의 꿈은 축구 선수였다. 하지만 축구를 계속하려면 기숙사에 입소해야 하는 중학교에 진학해야 했고, 이에 부모님께서는 크게 반대하셨다고 한다.
그런 이유로 태권도로 종목을 바꾼 2013년 자카르타에서 열린 주니어 아시아 선수권 63kg 미만급에서 동메달을 딴 것을 시작으로 유니버시아드, 그랜드슬램 챔피언스, 그랑프리 파이널, 아시아 선수권, 아시안게임, 세계 선수권까지 숱한 대회에서 금메달을 따왔다.

그녀가 유일하게 금메달을 따지 못한 대회가 바로 올림픽. 2020 도쿄 올림픽에서 은메달을 따는 데 만족해야 했던 그녀는 이번 대회에도 금메달 획득을 목표로 출전했지만, 준결승전에서 스베틀라나 오시포바(우즈베키스탄)에게 라운드 점수 0대 2로 패배하며 올림픽 금메달의 꿈을 접어야만 했다.

이는 파리 올림픽에서 해설자로 활약했던 이대훈과 놀라울 정도로 선수 커리어가 닮아 있다. 최근 인터뷰에서 이제는 플레잉 코치로 활약하며 후배 양성이 힘쓰겠다고 자신의 포부를 밝힌 점도 이대훈과 유사하다.

한국이스포츠협회(KeSPA)가 서울 광진구 파이팩토리 스튜디오에서 개최한 '2024 KeSPA 글로벌 이스포츠 포럼 in 서울'에 참석한 그녀는 버추얼 태권도 대회에 참가했던 사실을 공개하며 "전통 체육인으로서 e스포츠를 직접 경험할 일이 없었는데 e스포츠와 실제 스포츠의 차이를 알기 위해 자진해서 참여했다.

생각보다 선수들의 훈련 과정과 결과까지 매우 흡사하다고 생각했다. 아직 버추얼 태권도 프로그램이 완벽하지 않아 모든 것을 구현할 수 없지만 최대한 비슷한 모습을 가상 공간에서 느꼈다고 생각한다."라고 말했다. 그러면서 버추얼 스포츠와 전통 스포츠의 공통점과 향후 보완점에 대해 자신의 생각을 솔직하게 밝혔다.

이후 인터뷰에서 이다빈은 "공식적으로 발표한 것은 아니지만, 소속팀에서 플레잉 코치를 준비하고 있다. 제 훈련보다 선수들을 도와주고 있다."라며 국가 대표도 은퇴를 결정했다고 밝혔다.

그녀는 "선수 시절 많은 관심을 받았고 좋은 지도자와 선배들도 많이 만났다. 그분들에게 정말 많은 것을 배웠다. 이제 이를 제자들에게 물려주고 싶다는 생각을 많이 한다."라며 지도자로서의 포부를 내놓았다.

　선수로서의 마지막 고비를 넘지 못해, 올림픽 금메달은 따지 못했지만, 지도자로서 그녀가 수많은 올림픽 금메달을 만들어 낼 것을 믿어 의심치 않는다.

이제부터 시작이다

무한한 가능성을
보여 준 서건우

Part.04

04 이제부터 시작이다

무한한 가능성을
보여 준 **서건우**

1) 무한한 가능성을 보여 준 서건우

2003년생인 한국 태권도 중량급의 '유망주' 서건우는 2023년 12월 WT 월드그랑프리 파이널에서 우승하며 80kg 이하급 파리 올림픽행 진출권을 따냈다.

대한민국은 이 체급에서 올림픽 메달을 딴 적이 없다. 아니 태권도가 올림픽 정식 종목이 된 2000년 시드니 올림픽부터 2020 도쿄 올림픽까지 본선에 진출한 선수가 한 명도 없다.

초창기엔 태권도 종주국 대한민국의 독식을 우려해 국가별 올림픽 태권도 출전 쿼터가 있어서 상대적으로 메달 획득 가능성이 컸던 경량급과 최중량급 선수들이 올림픽에 출전했다.

하지만 쿼터가 사라진 최근엔 세계 태권도의 실력 평준화 덕분에 출전권을 획득하지 못했다.

출처: 서건우 인스타그램

그래서 대한민국 선수로서는 최초로 80㎏ 이하급 올림픽 출전권을 따낸 서건우에게 메달 획득의 기대가 쏠린 것은 당연한 일이었다.

하지만 메달 획득은 순탄치 않았다. 서건우는 16강에서 호아킨 추르칠(칠레)을 라운드 점수 2대 1(6대 8, 16대 16, 14대 1)로 가까스로 이기고 8강전에 진출했다.

1라운드를 6대 8로 패배한 서건우는 2라운드에선 16대 16으로 비겼다.

동점이 된 라운드에서는 회전차기로 딴 점수가 더 많은 선수, 머리-몸통-주먹-감점의 순으로 낸 점수가 더 많은 선수, 전자호구 유효 타격이 많은 선수 순으로 승자를 결정한다.

이 기준에 따라 서건우는 2라운드도 내준 듯했다.

심판도 처음에는 추르칠이 승리했다고 선언했다.

하지만 오 코치는 서건우가 두 차례, 추르칠이 한 차례 회전 차기를 성공했음을 알고 있었다. 그런데 추르칠이 승자가 된 상황을 납득할 수 없었다.

이에 오 코치는 코트로 뛰어들어 심판에게 강하게 항의했고, 이런 어필 덕분에 판정은 번복됐다. 시스템상 오류로 회전 공격보다 감점 빈도가 먼저 계산된 게 드러났다.

구사일생한 서건우는 이어진 3라운드에서 30초 만에 연속 8점을 내며 기선을 제압했고, 결국 14대 1로 3라운드를 완승했다.

이어진 8강전에서 서건우는 엔리케 마르케스 로드리게스 페르난데스(12위·브라질)를 상대로 2대 0(4대 4, 2대 2)으로 승리를 거뒀다.

1라운드 초반 상대와 치열한 탐색전을 펼치던 서건우는 종료 52초를 앞두고 4대 2로 앞섰다. 하지만 2점 차 리드를 지키기 위해 수비적으로 운영을 하다가 막판 연달아 경고를 받아 2점을 내줬다.

결국 4대4 동점이 됐지만 1라운드의 승자는 서건우였다.

서건우는 1라운드에서 발차기 두 개로 4점을 따낸 반면 엔리케 마르케스 로드리게스 페르난데스는 발차기로 2점만 얻었다.

힘겹게 1라운드를 따낸 서건우는 2라운드도 고전했다.

초반부터 적극적으로 달려들며 2점을 먼저 땄지만, 이후 상대의 공격에 반격하지 못했다.

상대방의 공격을 연달아 피하던 서건우는 감점으로 2점을 허용, 2대 2 동점이 됐지만 1라운드와 마찬가지로 발차기 공격으로 점수를 얻은 덕에 판정승을 따냈다.

서건우의 4강전 상대는 메흐란 바르호르다리(8위·이란)였다. 두 선수는 경기 초반부터 치열한 접전을 벌였다. 서로 바짝 붙어서 발차기 공격을 주고받다가 1라운드 종료 34초 전 서로의 몸통을 때려 2대 2가 된 가운데, 서건우가 한 번 더 몸통 공격에 성공해 첫 라운드를 4대 2로 가져왔다.

하지만 2라운드에서 서건우는 메흐란 바흐호르다리에게 머리 공격을 잇달아 허용하며 9대 13으로 패배했다.

3라운드에서도 열세에 처한 서건우는 몸통과 머리를 연이어 얻어맞아 0대 5로 뒤졌다.
이후 맹렬한 추격전에 나섰지만, 감점과 머리 공격 허용 등으로 격차가 8대 12로 벌어지며 경기가 끝났다.

서건우는 이어진 동메달 결정전에서도 에디 흐르니치(27위·덴마크)를 상대로 0대 2(2대 15, 8대 11)로 졌다.

서건우는 1라운드에서 몸통 방어에 실패하며 연속으로 실점해 점수가 0대 6까지 벌어졌다. 이후 흐르니치의 감점으로 2점을 얻었으나, 머리 공격까지 허용하며 2대 15로 점수는 더 벌어졌고 결국 1라운드를 뺏겼다.

2라운드도 몸통 공격을 연달아 허용하며 0대 4로 밀렸다. 이후 6대 8까지 따라붙은 서건우는 1분여를 남겨두고 2점을 더 획득했으나, 결국 8대 11로 흐르니치에게 2라운드도 내주고 말았다.

서건후는 경기 후 "경기에서 지고 나니, 내 노력이 부족했다는 생각이 많이 들었다."라며 "상대 선수들은 더 열심히 준비하고 더 열심히 분석한 게 느껴졌다"라고 털어놓았다.

하지만 서건우는 이 체급 개척자의 길을 계속 걸어 나가려 한다. 그는 "80㎏ 이하급을 선택한 후 좋은 감정도 나쁜 감정도 정말 많이 느꼈다."라며 "이 경험과 감정을 가지고 업그레이드해서 더 나은, 더 좋은 선수가 될 수 있도록 노력하겠다."라고 말했다.

고질적인 부상을 극복한 태국의 별

태국의 국민영웅 파니팍과
그녀를 키운 타이거 최

Part.05

05 고질적인 부상을 극복한 태국의 별

태국의 국민영웅 **파니팍**과
그녀를 키운 **타이거 최**

1) 태국 사상 최초 올림픽 2연패한 파니팍, 스승에게 큰절하다

파니팍 웡파타나낏(태국어: พาณิภัค วงศ์พัฒนกิจ, 1997년 8월 8일~)은 태국의 태권도 선수이다. 키 173㎝로 태국 수랏타니주 수랏타니에서 태어났으며 쭐랑롱콘 대학교 출신이다.

태국인은 성과 이름이 길고 어려워서 일상에서는 '별명'을 쓴다.
심지어 본명보다 더 자주 사용해서, 서로 별명은 알아도 본명을 모르는 경우도 많다.
그 별명은 주로 부모님들이 지어준다고 하는데, 파니팍 웡파타나낏의 별명은 '테니스'이다.
그래서 거의 모든 태국인이 파니팍을 '테니스'라고 부른다.

그녀의 형제 모두 스포츠 종목에서 별명을 따와 그녀의 큰오빠는 '베이스볼' 사라윗, 언니는 '볼링' 코라위카이다.
그만큼 파니팍 가족은 스포츠에 진심으로 그녀의 아버지는 전직 축구 선수이자, 수영 선수였고, 어머니도 수영 선수였다.

태국의 신문 〈네이션〉은 2024년 8월 8일 자 기사 「파리에서의 태권도 전설의 황금 생일」이란 제목에서 "파니팍은 별명이 테니스였기 때문에 파니팍이 처음 주목받았을 때 많은 이들이 테니스 선수인지, 태권도 선수인지 궁금해했다."라고 전했다.
태국의 또다른 신문 〈카오솟〉에 따르면 파니팍은 7살 때 처음 태권도를 배웠고, 9살이 되던 해 태국 푸켓에서 열린 대회에 생애 첫 출전했다고 한다. 이때 아버지가 메달을 따면 선물을 해주겠다고 약속했지만 결국 따지 못한데다 친구들의 놀림까지 받았는데, 이때 파니팍은 분한 마음에 태권도를 제대로 수련해야겠다고 마음먹었다고 한다.
그 이후 열심히 수련한 결과 마침내 12살에 전국 대회에서 우승했고, 13살이 되던 해, '운명의 스승'인 최 감독을 만난다.

 그는 파니팍의 월등한 신체 조건과 기량을 보고 그녀를 국가 대표로 발탁했고, 이때부터 태권도 종주국 출신 코치의 수준 높은 기술 교육과 혹독한 조련이 이어졌다.

 파니팍은 18살이 되던 해인 2015년 세계 태권도 선수권 대회에 참가했고, 이 대회에서 첫 금메달을 획득하였다. 다음 해 2016년에 열린 2016 리우데자네이루 올림픽에선 동메달을 획득했다.

 2018년 5월 아시아 선수권 대회에 참가하였으나 강보라(대한민국)에게 패하며 시상대에 오르지 못했다. 하지만 같은 해 8월에 열린 2018년 아시안게임 8강전에서 강보라를 다시 만나, 27대 8로 대승을 거두며 설욕하면서 금메달을 획득하였다.

파니팍은 이러한 활약을 바탕으로 2019년엔 세계태권도연맹 올해의 선수에 선정되기도 했다.

그녀의 성공 스토리는 여기서 끝나지 않았다.

2020 도쿄 올림픽에서 금메달을 획득하며 태국 태권도 사상 첫 올림픽 금메달의 주인공이 된 것이다.

그리고 3년 후 2024 파리 올림픽에서는 태국 역사상 최초의 2연속 금메달리스트가 되며 태국 최고의 스포츠 영웅이 되었다.

결승전에서 승리한 후 그녀는 코치인 최영석 감독과 서로 얼싸안고 기뻐한 뒤 국기를 펼치며 자축했다.

특히 이날은 웡파타나킷의 생일 하루 전이었기에 기쁨은 더욱 컸다. 이어 파니팍은 최 감독에게 큰절을 했고, 최 감독은 그녀에게 맞절하며 감싸 안았다. 그리고 두 사람은 감정이 복받쳐 올랐는지 서로 안은 채 우승의 기쁨을 만끽했다.

파니팍은 이날 경기 후 인터뷰에서 다음과 같이 말했다.

"이제 최영석 감독님도 귀화해서 같은 태국인이 되셨는데, 태국 사람들이 힘을 합쳐 두 번째 금메달을 만들어 냈습니다. 정말 기분이 좋고 영광스럽습니다."

최영석 감독은 "제가 한국을 버리는 게 아니라 한국을 품고 태권도를 더 보급하며 더 세계화하려는 사명감에 귀화를 결정한다."라고 고백하며 2020 도쿄 올림픽 이후 태국인으로 귀화했다.

파니팍이 3년 전 2020 도쿄 올림픽에서도 금메달을 땄을 때도 최 감독은 파니팍에게 큰 힘이 되었다.

"감독님께서 '너는 할 수 있다'라고 하셨어요. 감독님이 시합 내내 '할 수 있다'라고 소리치셨고, 저는 큰 자신감을 얻었습니다."

당시 파니팍 선수에게 지도자 최 감독이 어떤 감독인지 묻자 그녀는 다음과 같이 답했다.

"코로나 때문에 밖에 못 나가니까 경기 나갈 때마다 감독님이 직접 밥을 해주셨는데, 김치찌개와 김치볶음밥을 진짜 잘하세요."

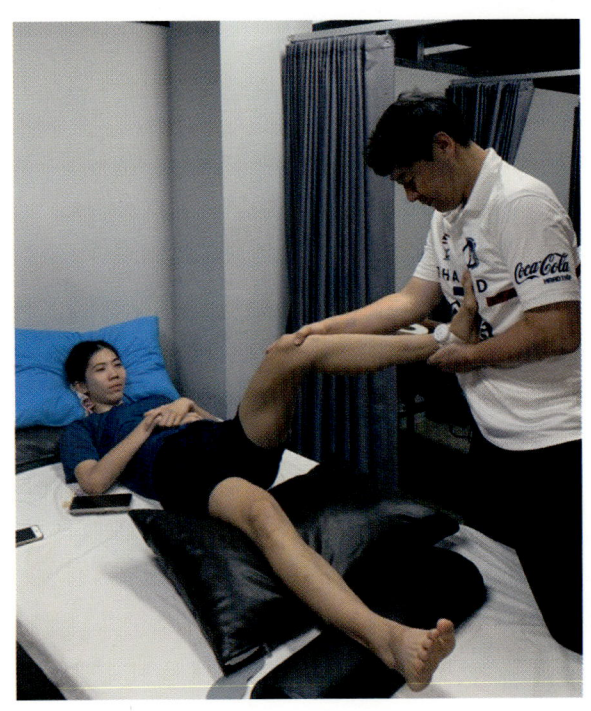

이제 파니팍은 선수 생활을 은퇴한다. 고질적인 부상 때문이다. 하지만 태권도 인의 길은 끝나지 않았다. 올림픽 2연패를 합작한 최 감독과 함께 태국의 태권도 인구를 200~300만 명으로 키우겠다는 꿈을 이루어 갈 계획이다.

2) 무에타이의 나라
태국의 태권도 대부 최영석 감독

최영석 감독은 2002년부터 태국 국가 대표팀을 이끌며 태국을 태권도 강국으로 성장시킨 장본인이다. 호랑이띠인 최 감독은 태국에서 '타이거 최'라는 애칭으로 불리며, 태국 국민의 절대적인 사랑을 받고 있다.

그는 대한민국의 성남에서 태어나 어머니, 할머니, 누나 네 명과 함께 살았다. 그의 아버지는 최 감독이 7살 때 간암으로 돌아가셨다.

그런 이유로 최 감독의 홀어머니는 여섯 식구를 먹여 살리기 위해 혼자 일했다.
그녀는 가족을 위한 음식을 준비하기 위해 새벽에 일어났고, 6시 30분에 버스를 타고 과자 공장으로 출근했다.
오후 5시에 퇴근해서 버스를 타고 집에 와서 가족을 위해 저녁을 준비하고 파출부로 다시 출근했다. 당시 그녀는 최 감독의 친구네 집에서 파출부 생활을 했다고 하는데 최 감독은 그 사실이 너무나 가슴 아팠다. 그녀가 모든 일을 마치고 돌아왔을 때는 식구들이 잠든 후였다.

그녀는 항상 제일 먼저 일어나고, 제일 늦게 잤다. 몇 년 동안 그랬다.
최 감독의 꿈은 '엄마가 더 이상 열심히 일하지 않고 많이 쉬시는 것'이었다. 그래서 그는 가능한 한 빨리 성공하고 돈을 벌기 위해 노력했다.

반면 최 감독 어머니의 꿈은 '아들이 교수가 되는 것'이었다.
하지만 그녀는 그가 태국에 코치로 취직하기 직전인 2002년에 돌아가셨다.
최 감독이 29살 때 바레인에서 코치를 하다 1년 반 만에 휴가를 받고 한국으로 돌아왔는데 바로 그때 그의 어머니가 쓰러져 돌아가신 것이다.
어머니가 돌아가신 해 태국 태권도 대표팀의 코치가 된 최 감독은 그 일을 더욱 강하게 선수들을 가르치는 계기로 삼았다.
최 감독이 태권도를 처음 접한 것은 초등학교 근처의 태권도장에서

였다.

    초등학교 6학년 때 유단자 친구를 따라 도장에 갔다가 태권도를 시작했다.

    3~4개월 정도 수련했을 무렵에 전국대회가 열렸는데 한 명이 빠져 대타로 출전해서 동메달을 땄다.

    그 덕분에 최 감독은 성남서중학교에 체육 특기자로 입학했다. 사실 그는 중학교 때까지만 해도 전교 5등 안에 들 정도로 공부를 잘했고, 기본적으로 머리가 매우 명석한 사람이었다.

    이후 최 감독은 대학교 졸업 때까지 성남에 머물며 풍생고, 경원대 산업공학과를 졸업했다. 체육 특기생으로 대학을 졸업할 때까지 학비를 면제받고 다녔다.

    이후 강원대에서 체육학 석사 학위를 받았고, 태국의 카세삿대학에서 스포츠 심리 박사과정을 마쳤다.

그가 태국 대표팀의 코치가 된 사연도 극적이었다. 2002년 부산 아시안게임에 출전해야 하는 태국 대표팀의 한국 코치가 개인 사정으로 귀국하면서 최 감독이 8개월간 계약직 코치를 맡았다. 그때는 바레인 대표팀의 코치로 일하다가 막 계약이 끝난 시점이었다.

2월에 태국 대표팀의 코치를 맡고, 10월에 아시안게임이 열렸는데 태국 대표팀은 은메달 2개를 땄다. 그것은 태국 태권도 역사상 아시안게임 최고 성적이었다.

당시 그는 '죽도록 가르쳐 보자'라는 생각뿐이었다고 한다.

그때부터 지금까지 22년간 태국 국가 대표 태권도 팀을 이끌고 있는 최 감독은 2004 아테네 올림픽부터 6번의 하계 올림픽에서 계속 메달을 획득하는 '명장의 전설'을 이어가고 있다.

2004 아테네 올림픽에선 여자 49kg 이하급에서 동메달을 땄는데 태국 선수가 올림픽에 출전한 것도 처음이지만, 메달을 딴 것은 더욱 놀라운 일이었다.

사실 스포츠가 발전하지 않은 나라에선 올림픽 출전 자격을 얻는 것 자체가 쉽지 않은 일이다. 당시만 해도 올림픽 출전 쿼터가 있어 남, 여 각각 2체급씩만 출전할 수 있었는데, 2004 아테네 올림픽에서 태국이 4장의 올림픽 출전 티켓을 확보한 것만 해도 커다란 사건이었다.

4년 뒤인 베이징 올림픽에서도 다시 여자 49kg 이하급에서 은메달을 땄고, 메달 획득은 계속 이어졌다. 2012 런던 올림픽에서 동메달, 2016 리우데자네이루 올림픽에서 은메달과 동메달, 2020 도쿄 올림픽 금메달을 거쳐, 2024 파리 올림픽의 금메달까지 6회 연속 올림픽 메달 행진이 이어지고 있다.

이처럼 그가 이끄는 태국 태권도 국가 대표팀이 계속 올림픽 메달을 따내는 비결은 무엇일까?

사실 간단하다. 이전보다 훈련량을 늘리고 그 훈련도 집중해서 하는 것이다. 그러면 성적은 따라온다. 태국 국가 대표 선수들은 고생한 게 억울해서 대회에서 맨손으로 돌아갈 수 없다고 생각할 정도로 열심히 훈련한다.

너무나 고된 훈련이기에 선수들이 불만을 품을 만도 하지만 훈련 후 성적을 보면, 그들도 인정하고 열심히 따라올 수밖에 없다.

태국은 대한민국과 달리 국가 대표라고 해도 대학교 수업은 빠질 수 없다. 경기 출전 등으로 어쩔 수 없이 결석하면, 이후에 대체 리포트라도 꼭 낸다. 훈련은 수업 시간을 피해 아침, 저녁에 한다. 보통 오전 6시부터 2시간, 오후 5시부터 3시간, 하루 5시간의 훈련을 기본으로 한다. 일요일만 쉬고 매일 한다.

이렇게 힘들게 훈련하지만, 경기할 때와 훈련할 때 최 감독의 태도는 완전히 다르다. 경기를 앞두고는 선수들과 장난치고 농담을 하기도 한다.

하지만 훈련 때는 물 한 모금, 화장실 가는 것조차 다 통제한다.

뿐만 아니라 새벽 운동에 조금이라도 늦으면 돌려보낸다. 물론 그도 절대 훈련 시간에 늦지 않는다. 본인부터 모범을 보여야 한다고 생각하기 때문이다.

이렇게 강훈련을 계속하면서 훈련에 몰두하는 분위기가 형성되었고, 체계가 쌓였다. 최 감독은 평소에 선수들에게 운동은 못 해도 약속을 지키고, 인성을 닦으라고 조언한다.

그러다 보니 국제 대회에 나갔을 때 다른 나라 선수들로부터 태국 선수들은 착하고 예의도 바르다는 칭찬을 받을 정도로 매너 좋게 행동한다.

이런 호성적과 분위기 덕분에 최 감독은 2006년부터 국가 대표 선수 선발에 대한 전권을 부여받았다. 하지만 조금의 기득권 인정과 특혜도 없이 공정하게 선발하고 있다.

그가 고안한 대표팀 선발 방식은 매우 독특하다. 새로운 대표팀을 선발해 기존 대표팀 선수들과 경합해 선발하는 방식이다.

그가 대표팀 감독을 맡았던 초기에는 대표 선수의 90%가 방콕에서 선발됐지만 이젠 전 지역에서 고루 선발될 만큼 태권도의 저변도 넓어졌다. 그렇다 보니 경쟁이 치열해져 대한민국처럼 태국도 태권도 국가 대표 선수가 되는 것은 하늘의 별 따기가 되었다.

일단 대표로 선발되면 지방대학 학생의 경우 방콕으로 전학을 시켜주고, 합숙 생활을 할 수 있도록 하는 등 각종 지원을 해주고 있어 선수들도 국가 대표가 되기 위해 최선을 다한다. 게다가 국제 대회에서 좋은 성적을 거두면서 태국 국민들의 관심이 엄청나게 커졌다.
이에 최 감독은 태국 선수들의 투지만큼은 대한민국을 앞선다고 자랑한다.

이렇게 놀라운 성과를 거두다 보니 최 감독이 받은 상도 어마어마하다.

2004년 왕실훈장을 받았고, 2005년 태국 외무부 장관이 주는 공로상, 2006년엔 총리상, 2007년엔 체육기자들이 선정한 최우수 지도자상, 2008년엔 씨암낄라 스포츠대상 및 명예의 전당에 올랐고, 2009년엔 태국 체육회 최우수 지도자상, 2010년엔 씨암낄라 스포츠 대상을 또 받았다. 이 상을 받은 외국인도 없지만, 두 번 받은 사람은 앞으로도 나오지 않을 것 같다고 한다. 그리고 2020 도쿄 올림픽에서 태국에 올림픽 첫 금메달을 선사한 그는 태국 스포츠 대상 최고지도자상을 받았다.

뿐만 아니라 최 감독은 또 태국 국립대학인 카세삿대학 스포츠 과학부에서 전임 교수로 강의하고 있다. 일주일에 두 번씩 강의하는데 수상생은 40명 정도다.

이렇게 엄청난 성과를 거둔 그는 덕분에 태국에서 외국 지도자로서는 최고 대접을 받고 있다.

하지만 그의 생활은 소박하기 이를 데 없다. 매일 학교, 훈련장을 오갈 뿐이다.

그러다 가끔 아내를 위해 파타야 휴양지에 갔다 오는데, 그곳에서 최 감독이 하는 일이라곤 평소 모자란 잠을 자는 것뿐이다.

사실 그는 다른 나라에서 엄청난 금액의 스카우트 제의를 받곤 한다.

하지만 최 감독은 늘 태국에 감사하며 태국 국가 대표팀에 머물고 있다. 2002년 어머니가 돌아가시고 난 뒤 그는 인생에서 가장 힘든 시간을 보냈는데, 그때부터 지금까지 태국에서 많은 것을 이뤘다.

태국 사람들은 외국인이라고 차별하지 않고, 동등하게 대해 줬으며, 과분한 사랑을 주었다. 그로선 20년 넘게 가르친 제자들을 상대로 타국 선수들을 지도해 싸워야 한다는 것이 우선 부담스럽고, 태국인들을 대했던 그 불꽃 같은 열정을 가지지 못할 것이 두렵다고 한다. 그래서 더 열심히 태국 선수들을 가르칠 뿐만 아니라 태국으로 귀화까지 했다.

그의 태국 이름은 '찻차이 최'.

'찻차이'는 태국어로 '승리를 이끄는 전사'라는 뜻이다.

그 이름대로 최 감독은 애제자 파니팍의 올림픽 2연패에 결정적인 역할을 해냈다. 파리 올림픽 결승전에서 디펜딩 챔피언 파니팍의 긴 오른발을 이용한 노련미와 함께 최 감독의 빼어난 눈썰미가 빛을 발한

것이다.

   최 감독은 라운드 스코어 1대 1로 팽팽하게 맞섰던 3라운드 종료 29초와 13초를 남겨놓고 비디오 판정을 요청, 각각 3점씩 공격 포인트를 인정받으며 총 6점을 따내 파니팍의 금메달 획득을 자신의 힘으로 확정 짓고 손을 번쩍 치켜들었다.

   머나먼 태국 땅뿐만 아니라 경기장에서도 숨죽여 지켜보던 태국 국민들에게 파리 올림픽 최고의 순간을 선사해 준 명장의 한 수였다.

   올림픽 2연패의 기쁨에 감격했던 웡파타나낏은 곧장 한켠에 있던 최 감독을 향해 큰절을 올렸다. 제자가 전한 감사 인사에 최 감독도 함께 맞절했고, 경기장 안의 태국 관중들은 커다란 박수와 환호로 두 사람을 축하했다.

최 감독은 이에 대해 "태국에서 큰 절은 보통 국왕이나 스님 앞에서 한다. 그런데 갑자기 옹파타나낏이 절을 하길래 고마운 마음에 나도 맞절을 했다. 전혀 예상 못 한 큰절이었는데, 나중에 영상과 사진을 보니 그림은 잘 나온 것 같았다"라고 말했다.

이날 경기장에는 태국 부총리, 관계 부처 장관 등이 찾아 태국의 파리 올림픽 유일한 금메달 획득을 축하했다. 그리고 최 감독은 태국 국기를 계속 흔들면서 태국 팬들의 환호를 이끌었다.

올림픽 2연패를 달성한 옹파타나낏은 최 감독이 가장 공을 들여 키운 제자다. 하지만 이번 올림픽을 끝으로 옹파타나낏은 은퇴하기로 했다.

최 감독은 "옹파타나낏이 13세였을 때부터 함께 지냈다. 태국 대표팀은 1월부터 12월 중순까지 거의 1년 내내 합숙한다. 한 가족처럼 지냈기에 파니팍이 올림픽 2연패를 이루고 은퇴해 감회가 남다를 수밖에 없다."라고 말했다.

그는 옹파타나낏의 올림픽 2연패 준비 과정에 대해 "도쿄 올림픽을 준비할 때보다 더 힘들었다. 금메달을 수성해야 하는 입장이어서 선수가 가졌던 부담이 매우 컸다.

그래서 올림픽이 아니라 일반 대회처럼 편하게 생각하고 경기에 나서라고 했고, 결국 올림픽 2연패를 이뤄 대견스러웠다."라고 밝혔다.

최 감독이 처음 태국 갔을 때만 해도 태국인들은 태권도를 일본 가라데로 잘못 알고 있는 경우가 많았다. 태권도 수련 인구는 1만 명도 채 안 됐고, 태국태권도협회의 예산도 1년에 8,000만 원 정부 지원금을 받는 게 전부였다고 한다.

불모지나 다름없던 태국 태권도는 22년의 세월 동안 태권도 인구 100만 명, 협회 운영 예산만 약 30억 원가량 될 만큼 훌쩍 성장했다. 이 모든 것은 최 감독이 올림픽 메달 획득을 계속 이끌어내면서 태국인들의 태권도에 대한 관심이 부쩍 높아진 결과라고 할 수 있다.

태국 태권도 대표팀 선발 시스템을 만든 것도 최 감독이다. 처음 태국 대표팀에는 등급이 낮은 노란 띠, 파란 띠인 선수도 있었다. 하지만 현재는 태권도 전용 훈련장에서 주니어, 성인 대표팀이 함께 훈련하면서 성과를 낸 주니어 선수가 곧장 성인 대표팀에서도 뛸 수 있도록 시스템을 구축했다.

몇 번 포기할 뻔한 위기도 있었지만, 모두 극복해 낸 최 감독은 누군가에게 행복을 주는 사람이 되라는 모친의 말대로 태국인들에게 큰 행복을 준 것 같아 큰 보람을 느낀다고 말했다. 그는 "태국의 태권도 인구를 200만~300만 명까지 키워 태권도 전용 아카데미를 구축하고 싶다. 그를 통해 훗날 대한민국의 태권도에도 기여할 수 있는 부분이 있다면 가교 역할을 잘하고 싶다."라고 자신의 바람을 전했다.

3) '테니스' 파니팍, 그녀의 재활 과정

파니팍은 2020 도쿄 올림픽에서 태국 최초로 태권도 종목에서 금메달을 땄으나 이후 잦은 부상과 통증으로 은퇴를 고민해 왔다.

최영석 감독은 그녀의 재활을 위해 인맥을 통해 태권도 재활운동 전문가를 물색했고 오랜 기간 한국 국가 대표 선수들의 재활 운동을 지도했던 나를 재활 적임자로 선택했다.

나는 고려대 포티움연구소 책임연구원으로 선수들의 부상을 줄일 수 있는 재활 운동을 연구해 왔으며 2002년 부산 아시안게임 태권도 국가 대표 선발전에서도 의무 트레이너를 담당한 바 있다. 또 고려대 스포츠과학연구소, 차의과학대 스포츠의학과와 '스포츠의학 연구 프로젝트'를 실시하여 태국 선수들의 부상 예방과 경기력 증진을 접목했다.

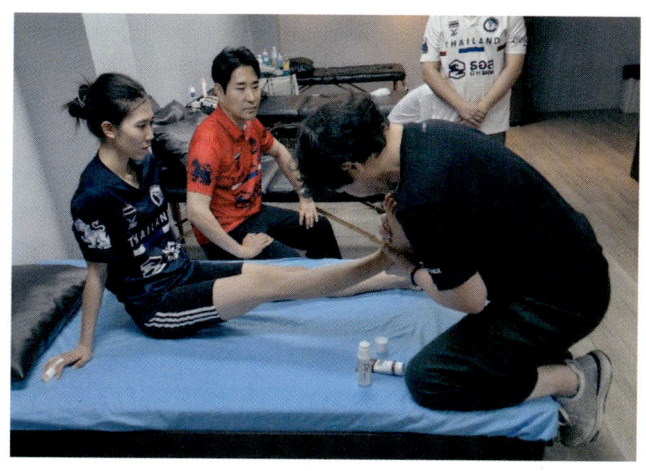

처음 내가 파니팍 선수를 만난 1월, 그녀는 고관절과 무릎, 발등에 부상이 있었고 올림픽을 앞두고 계속되는 시합과 훈련 때문에 회복될 기미가 보이질 않았다.

최영석 감독을 비롯한 태국 지도자들의 걱정이 컸기에 나는 그녀의 주특기를 훈련하는 과정에서 더 부상이 악화되지 않도록 해부학 기반의 스포츠의학 프로그램을 접목했다. 이 과정에서 차의과학대학교 스포츠의학과 이재석 교수와 국민체력센터 선상규 원장, 대한장애인체육회 정진완 회장 등 많은 스포츠 전문가들의 조언이 있었다.

최영석 감독 또한 대한민국 선수촌 부상 선수 관리 노하우를 태국 태권도 국가 대표 선수들의 재활 프로그램에 접목하기 위해 애썼다. 그래서 태국 스포츠의학회 임원들과 태국 도핑관리협회 자문 교수로 구성된 자문단과 함께 하늘스포츠크리틱과 95트레이닝센터와 한국도핑관리위원회를 방문하여 다양한 협업을 시도했다. 최영석 감독의 이와 같은 노력이 있었기에 태국 태권도는 파니팍 선수를 비롯해 수많은 메달 리스트를 배출하고 지금의 동남아시아 최고의 위치에 오를 수 있었다.

이러한 연구 덕분에 나는 파니팍 선수가 경기 직전까지 부상 재발 없이 훈련을 받을 수 있도록 맞춤형 재활 운동을 실시할 수 있었다. 또 그녀의 무기인 '전갈 킥' 등 유효한 기술이 적재 적시에 제대로 활용될 수 있도록 부상이 반복되던 골반과 무릎 재활에 더 집중하였다.

우여곡절이 있었지만 마침내 파니팍 선수는 올림픽 2연패에 성공했고, 이번 올림픽을 끝으로 은퇴하겠다는 의사를 밝혔는데, 금메달로 마지막 올림픽을 장식하는 데 도움을 줄 수 있어서 매우 기뻤다.

내가 태국 선수촌에서 재활을 담당하며 태국 선수들과 생활하면서 처음에 당황한 것이 있었다. 태국 선수촌에서 선수들의 재활 운동 지도를 위해 선수 이름이 적힌 예약 차트를 활용했는데 파니팍 선수의 이름이 보이지 않아서 언제 어디에서 재활 운동을 시행하는지 몰라 허둥지둥한 것이 여러 번이었다.

태국 선수촌에서 파니팍 선수는 테니스라고 불리었다. 처음에는 적응하기 어려웠으나 서로의 본명을 부르는 것은 발음도 어렵고 너무 길어 기억하기 힘든 선수들이 많았다. 참고로 파니팍 선수의 본명은 파니팍 윙파타나킷이다.

선수들을 호명하는 애칭의 편리함이 익숙해지자 나도 애칭이 필요하지 않을까 생각이 들기도 했다. 하지만 나는 닥터 엄 또는 프로페서로 알려져서 따로 애칭을 만들지는 못했다. 이렇게 선수들과 재활 운동을 오전, 오후, 저녁까지 함께하며 점차 어색함이 줄었다.

태국에 온 초반에는 한국에서 온 재활 선생님이 낯설어서인지 파니팍과 소수의 몇몇 선수 외에는 재활 운동 상담이 없었다. 이후 선수들의 애칭도 숙지하며 아침 훈련을 마치고 파니팍 선수와 훈련 파트너의 부상 관리를 시작했다.

물론 파리 올림픽에 출전하는 바이토에이 선수와 유 선수의 관리가 우선이지만 파니팍 선수의 경기력 향상을 위해 훈련 파트너의 부상을 관리하는 것 역시, 나에겐 중요한 일과였다.

대회까지 남은 기간 동안 최고의 훈련 방법을 찾아서 선수가 집중력을 유지하도록 돕는 것이 코칭스태프의 임무라고 생각했다.

파니팍 선수는 매일 러닝과 웨이트를 기본으로 기초 체력 훈련을 통해 근력과 지구력을 향상시켰다. 주기적인 계획을 통해 요일별 강도를 설정했는데, 태권도 경기 기술 훈련이 주가 되는 날은 연습 경기 중 부상을 입을 확률이 높기 때문에 체력 훈련을 줄이고 밴드와 코어 훈련 시간을 늘렸다.
주중 훈련 양이 많은 주의 주말에는 가벼운 수영이나 자전거를 타는 정도의 운동만 실시하며 휴식을 통해 신체가 회복할 수 있는 여건을 만들어 주었다.
무엇보다 선수가 집중력을 유지하면서 과훈련(Over use Syndrome)으로 생기는 부상 위험을 줄이기 위해 세심하게 체크했다.
모든 종목의 선수들도 마찬가지겠지만 올림픽이란 큰 대회를 앞두고는 의욕이 앞서 연습 경기나 훈련 중 발생하는 부상 때문에 대회를 나가지도 못하고 포기하는 불상사가 일어나기도 한다.

돌이켜보면 파니팍 선수는 손가락 하나, 발가락 하나가 조금만 불편해도 바로 체크를 받고 관리하여 다음날이라도 당장 시합할 수 있는 상태를 유지하려 노력했다. 그것이야말로 프로의 면모였다고 생각한다.

그리고 요즘 유행하는 콜드 플런지(섭씨 15도 이하의 얼음물) 요법을 거의 매일 실시했다. 그것은 빠른 발차기와 겨루기 연습 중 신체가 부딪히며 발생하는 근육의 손상 회복을 돕고 염증을 줄일 수 있는 방법이다.

그래서 방콕 선수촌에는 훈련 종료 시간에 맞춰 거의 매일 얼음이 배달되어 왔던 것 같다.

이렇게 체계적이고 과학적인 방법이 적용된 프로그램으로 파니팍의 재활을 관리했지만 그녀도 가끔 배가 아프거나 두통을 겪을 때도 있었다.

태국 국민 모두가 파니팍의 올림픽 2연패를 응원했지만 그만큼 심적 부담도 컸기 때문이다.

하지만 파니팍과 코칭스태프 모두 한 마음으로 최선을 다해 훈련에 임했다.

그녀는 내일을 걱정하기보단 하루하루 최선을 다해 훈련에 참가했고, 최영석 감독을 비롯한 코칭스태프도 진심으로 실전과 같은 분위기를 만들어 주어 파니팍에게 긍정적인 동기를 부여하려 애썼다.

파니팍 선수의 마지막 올림픽을 위해 태국으로 날아갈 때 나의 마음가짐은 우리에게 마지막일지 모를 기회를 살리기 위해 최선을 다하자는 것이었다. 선수가 미처 알지 못했던 위험 인자들을 모조리 찾아내서 최고의 경기를 펼칠 수 있도록 도와주는 것이 목표였다.

파니팍과 태국인들에게 그녀의 파리 올림픽 금메달은 부상을 극복하고, 투혼을 불사르며 최영석 감독의 지도 아래 완성된 종합 예술 작

품으로 기억되길 바란다.

장애인
태권도

국내 1호 장애인 태권도 국가 대표 한국현과
그의 스승 한승용 감독

Part.06

06 장애인 태권도

국내 1호 장애인
태권도 국가 대표 **한국현**과
그의 스승 **한승용** 감독

1) 국내 최초 장애인 태권도 세계선수권 금메달리스트 한국현

제주특별자치도 장애인체육회 생활체육 지도자 운영팀장인 한국현은 국내 1호 장애인 태권도 국가 대표 선수로 지난 10여 년간 국가 대표 선수로 활동해 온 베테랑이다. 그는 태권도에 집중하고 싶었지만, 불우한 가정 형편 때문에 벽지를 펴는 롤러 기계를 다루는 공장에서 일했다. 그러나 불의의 사고로 왼쪽 팔이 절단되었고, 힘겨운 여러 번의 재수술과 재활 훈련 과정을 이어 가던 중 국제장애인올림픽위원회(IPC)에서 패럴림픽 정식종목으로 태권도를 채택한다는 소식에서 희망을 봤다.

사실 한국현은 한쪽 팔이 없으면 점프를 하고 착지를 할 때 균형을 잡는 것도 어려움을 깨달았다. 그래서 장애인 선수들은 장애 유형과 종목 특성을 잘 알고 있는 사람이 전문적인 프로그램으로 지도해야 한다고 생각했다.

그래서 국가 대표 선수로 이천 훈련원에서 훈련할 때 도움을 주었던 고려대학교 포티움연구소 엄성흠 교수와의 인연은 더욱 각별하다.

 태권도 선수들의 재활을 담당했던 엄 교수의 추천으로 필립스코리아 인프라케어 의료기기의 모델이 되었고, 그와 엄 교수의 연구 성과를 통해 이천 훈련원의 전 종목 대표 선수들이 필립스코리아로부터 재활 운동 의료기기를 후원받을 수 있었다.
 또 태국과 중국, 베트남, 일본의 장애인 태권도 선수들과 교류하며 한국현은 그들의 롤모델이 되기도 했다.

 뿐만 아니라 한국현은 대한민국 최초 세계파라선수권대회, 아시아파라태권도선수권대회, 그리고 전국장애인체육대회의 최초 메달리스트로 불모지였던 대한민국 장애인 태권도를 전 세계에 알렸던 상징적인 인물이다.

2023년 전국장애인체육대회에서 당당히 메달을 목에 건 그는 1980년생으로 이제 44세의 노장이다. 도쿄 패럴림픽만을 위해 달려왔지만, 늘 국가 대표 자리를 놓치지 않았던 그도 세월은 속일 수 없었기에 마지막 꿈의 무대를 눈앞에 두고 그 꿈을 이루지 못했다.

이제는 후배들의 기술 훈련을 지도하며 그들이 국가 대표 선수로 올림픽 무대 위에서 본인의 꿈을 대신 이뤄주길 희망한다고 말하는 그. 그래서 한국현은 숭실대 일반대학원 스마트웨어러블공학과 석사 과정에 진학하여 이제는 연구원으로 선수들의 재활 운동을 돕고, 시니어들의 건강 증진에 기여하는 운동 프로그램과 소도구 개발을 연구하고 있다.

또 제주 시와 서귀포 시 양 행정시의 생활스포츠지도자 관리 및 찾아가는 생활 체육 서비스 업무를 맡았다. 장애인들에게서 운동 관련 문의가 들어오면 상담하고 체력 측정을 하여 적합한 운동 종목을 추천하고 지도자와 연결하는 일을 하고 있다.

그 누구보다 장애인 선수의 장애 유형과 종목 특성이 잘 부합되어야 운동도 잘되고 좋은 성적으로 이어진다는 것을 알기에 체력을 측정하고 종목 추천을 할 때 전문가의 조언이 필수적이라고 말하는 한국현. 엄 교수를 비롯하여 다양한 스포츠 전문가들이 그에게 아낌없는 조언을 해주어 신인 선수 발굴과 종목 선정에 기여하고 있다.

장애인스포츠과학연구팀을 만들어 제주도 장애인스포츠센터에 장애인과 비장애인들이 함께 어우러져 스포츠 활동을 함께하는 것이 새로운 꿈이라는 그의 희망이 꼭 이루어지길 바란다.

태권도는 선수들끼리 맨몸으로 맞붙어 상대방을 타격하는 투기 스포츠이다. 장애인 태권도 역시 발과 손을 이용한 공격과 방어의 기술로 겨룬다.

신체의 일부 기능을 상실한 선수가 신체를 부딪치며 겨루는 투기 종목 스포츠에서는 심리적 요인의 영향이 매우 크다. 특히나 가장 큰 국제 대회인 패럴림픽에 출전하는 선수들의 경우 신체적, 기술적 능력이 모두 뛰어나기 때문에 심리적인 요소가 경기에 매우 큰 영향을 미친다.

장애인 태권도 경기에서 상대의 전술을 예측하기는 매우 어렵다. 경기가 시작되면 그때그때 상대 선수의 특징과 기술을 파악하고, 이에 맞춰 능동적으로 경기를 운영하며 상대와 싸워야 한다.

팔의 기능을 상실한 상태에서 신체의 균형을 잡거나 민첩하게 대응하기 위해서는 미세한 움직임에 집중해야 하는데 이때 심리적 불안감은 더욱 크게 나타난다.

따라서 '불안감'을 해소하고 경기에 집중하는 것이 경기 운영 능력 중 가장 필요한 능력이다. 불안감에 사로잡혀 있기보다는 경기에 집중해 흐름을 읽어내고 상대의 특징과 움직임을 알아차려야 한다.

모든 스포츠 종목 선수들이 그러하듯 장애인 태권도 선수들 역시 혹독한 훈련을 통해 본인의 신체적, 기술적 능력을 발전시킨다.

한국현은 필자와의 인터뷰에서 "불안정한 경제 환경 때문에 운동을 그만두고 식당 아르바이트를 생각할 정도로 힘든 적도 있었다. 하지만 마음을 다잡고 하루에 운동을 10시간씩 혹독하게 연습했다"라고 밝혔다. 이렇게 정신적으로 어려운 환경에서 고강도 훈련을 하다 보면 선수들은 많은 스트레스와 불안감을 느낀다. 그렇지만 필자와 함께했던 장애인 태권도 국가 대표 선수들은 매일 힘든 훈련을 버티며 연습했다.

훈련 과정에서 오는 스트레스만이 선수들이 겪는 어려움은 아니다. 결과에 대한 부담감, 경쟁을 하는 상황에서 느끼는 경쟁 불안 등 다양한 요소들이 선수들을 힘들게 한다. 특히 4년에 한 번 하는 올림픽 대회에 대한 부담감은 상상도 못 할 만큼 크다.

따라서 선수들은 본인의 감정과 마인드를 잘 콘트롤할 수 있어야 한다. 태권도뿐만 아니라 모든 종목의 선수들이 겪는 문제인 만큼 스

포츠 심리학에 대한 연구가 활발히 이루어지고 있고, 특히 장애인 운동 선수는 재활과 경기력 향상에 필요한 신체적 기능 훈련과 함께 다양한 스포츠 심리 코칭이 필요하다.

장애인 국가 대표 선수들의 대표적인 스포츠 심리 훈련의 방법의 하나인 스포츠 심리 상담은 선수가 겪는 어려움과 불안함 등의 문제점을 파악하고, 극복하도록 돕는 것을 목적으로 한다. 상담을 통해 선수의 수행 능력이 향상되고, 운동에 대한 만족도가 높아지며 운동 지속 시간이 늘어나는 효과를 기대할 수 있다.

장애에 대한 트라우마를 극복하는 상담과 함께 장애인 선수들은 스포츠 상황에서 겪는 스트레스를 극복하고, 최상의 경기력을 유지하기 위해 심리 기술 훈련(Psychological Skills Training: PST)을 수행한다.

심리 기술 훈련은 진행하는 목적이나 선수의 상태 등에 따라 다르게 진행된다. 전문가가 심상 훈련과 이완 훈련, 자신감 훈련 등을 선수가 설정해 놓은 목표를 이루는 데 도움을 주는 방향으로 적절히 구성한다.

이미지 트레이닝으로 잘 알려진 심상 훈련은 머릿속에서 기술과 경기 상황뿐만 아니라 경기 외 상황까지 반복적으로 상상하며 연습하는 훈련을 일컫는다.

실제로 스포츠 선수들의 심리 훈련은 효과가 있을까? 실험을 진행한 선수는 긴장, 우울, 분노와 같은 부정적인 감정을 덜 느꼈다고 한다. 게다가 부정적 생각을 조절하는 능력인 스포츠 전략 수행 능력이 향상되었다.

　파리 올림픽에서 우리나라 태권도 국가 대표 선수들이 경기에서 보여 줬던 강인한 정신력은 스포츠 심리학의 중요성을 한 번 상기시켰다. 스포츠 심리학이 더욱더 발전하여 선수들이 스트레스에 무너지지 않고 본인의 기량을 마음껏 펼치는 날이 오기를 기대한다.

2) 나사렛대학 태권도학과 한승용 교수

　한승용 교수는 한국현이 세계적인 선수가 되는 데 크게 기여한 지도자다. 나사렛대 태권도학과 한 교수와의 인터뷰를 싣는다.

　엄성흠: 감독님께서 태권도 선수를 시작한 계기는 무엇인가요?

한승용: TV에서 국가 대표 시범단의 영상을 본 것을 계기로 태권도를 시작했습니다.

초등학교 4학년 때 사범님과 아버지의 권유로 체육관에 입문하며 첫 대회에 나갔고, 초등학교 6학년부터 본격적인 선수 생활을 시작했습니다.

엄성흠: 지금까지 선수로 그리고 지도자로 출전한 대회는 무엇이 있나요?

한승용: 제주 함덕초와 함덕중, 남녕고를 거쳐 경희대에 입학했습니다. 졸업 후 한국가스공사를 거쳐 제주특별자치도청에서 근무하고 있습니다.

선수로서는 2002년 국가 대표 선발 예선전 1위를 했고, 국가 대표 3진 두 번 연속 선정된 바 있습니다.

지도자로서의 경력은 다음과 같습니다.
- 2020 도쿄 올림픽
- 2018 대만 아시아 프레지던츠컵
- 2018 아시아장애인태권도선수권대회
- 2017 무주 세계선수권대회
- 2015 광주 하계 유니버시아드
- 2015 러시아 세계선수권대회
- 제1·2회 세계농아인태권도선수권대회
- 제1회 아시아태평양농아인태권도선수권대회
- 다수의 중국 우시 그랜드슬램 대회

엄성흠: 현재 선수들을 지도하는 데 있어서 강조하는 점은 뭔가요?

한승용: 선수들의 경기력 향상뿐 아니라 전인적 성장에 중점을 두고서 지도합니다. 기술 훈련 외에도 심리적 안정, 자기 계발, 사회적 소양을 강조하고 있습니다.

그래서 운동과 학업을 균형 있게 병행할 수 있도록 지원하고, 스포츠 지도사 자격증 취득을 장려하며 체육 분야 전문성을 강화하도록 지도합니다.

장애인 태권도 및 국제 활동 지원, 국내외 대회 참가를 통해 선수들에게 폭넓은 경험을 제공하고 있습니다.

선수 개개인의 잠재력을 극대화하며, 따뜻하게 격려하는 지도 스타일로 많은 제자들에게 호응을 받고 있다고 생각합니다.

엄성흠: 그 외 태권도 발전을 위해 어떤 일을 하시는지?

한승용: 첫 번째로 장애인 태권도 저변 확대와 국제적 입지 강화에 힘쓰고 있습니다.

제1·2회 세계농아인태권도선수권대회 지도자로 활동하며 대한장애인태권도협회 표창장을 수상했습니다.

두 번째로 스포츠 행정 및 정책에 참여하고 있습니다.

대한장애인태권도협회와 주요 체육 단체에서 활동하며 정책 방향을 제시하고, 대한장애인태권도협회 지도자위원장 선거에서 당선되어 지도자 권익 향상 및 체계적 양성에 힘쓰고 있습니다.

세 번째는 학술 및 교육 활동입니다.

스포츠지도사 자격증 취득 지원 및 이론적 기반 교육을 실시하고 있으며, 태권도 관련 세미나와 워크숍에서 강연 및 패널로 활동하고 있습니다.

네 번째는 국제 태권도 교류입니다.

외국인 선수들과 협력하며 글로벌화를 지원하고 있습니다. 나사렛 대학교 팀에 외국인 선수를 합류시켜 국제 경험을 확대하고 있습니다.

다섯 번째는 사회 공헌 활동입니다.

청소년 및 장애인을 위한 태권도 프로그램을 운영하고, 지역 사회와 협력하여 태권도 인성 교육을 강조하고 있습니다.

엄성흠: 수많은 선수를 양성하셨을 텐데, 그중 기억에 남는 선수가 있나요?

한승용: 가장 기억에 남는 선수로는 차태문 선수가 있습니다.

2013년 국가 대표 1진에 선발되어 2013년 세계태권도선수권대회 58kg 이하급에서 금메달을 획득했습니다.

그와 같은 선수들을 훈련시킬 때, 저는 체계적이고 맞춤형 훈련으로 잠재력을 발굴하고, 심리적 지원과 전략적 훈련을 통해 경기 운영 능력을 향상하였습니다.

차태문 선수는 저의 육성 철학을 본받아 후배들에게 영감을 주는 인물로 성장하였습니다.

엄성흠: 태권도 지도자로서 본인의 장점은 무엇이라고 생각하시나요?

한승용: 다양한 지도 경험이라고 생각합니다. 비장애인 엘리트, 외국인, 장애인 선수까지 폭넓게 지도한 경험이 있습니다.

그를 통해 맞춤형 훈련으로 선수의 강점을 최대한 발휘하도록 지도하고 있습니다. 앞서 이야기한 차태문 선수뿐 아니라 이용관 선수도 국제 대회 우승하며 제 지도의 성과를 입증하였습니다.

엄성흠: 장애인 태권도 선수들의 경기력 향상을 위해 어떻게 노력하시나요?

한승용: 정기 상담을 통해 선수들의 생각과 감정을 이해하려고 노력합니다. 선수 특성을 반영한 맞춤형 훈련을 설계하고, 청각 장애인 선수들을 위해 자체 시그널과 수화를 개발했습니다. 그리고 신뢰와 소통을 기반으로 한 훈련 방식으로 국제 대회에서 우수한 성적을 거뒀습니다.

부록

전국 태권도학과 소개

가천대학교 태권도학과

◎ 학과 소개

한국 문화의 상징이자 국기(國技)로 세계 206개국에 보급되었으며 올림픽 대회 정식종목으로 채택된 태권도의 미래를 짊어질 인재를 양성하는 학과이다. 태권도 전공에서는 태권도 이론에 대한 학문적 탐구와 실기 능력 배양 외에 지도자가 갖추어야 할 교양과 인성, 예의범절에 대한 지도에도 힘써 문·무를 겸비한 태권도 실력자를 배출하고 있다.

◎ 인재상

가천대학교 태권도학과의 교육 목적을 실현하기 위해선 다음과 같은 사람이 되어야 한다.

- 탐구적 지성인
  - 세계적으로 보급된 태권도에 관한 논리적 사고를 갖춘 학술 연구 능력의 배양.
  - 태권도 이론 및 실기에 관한 자기 주도적 학습 능력 및 목표지향적 계획 수립 능력을 갖춘 실용적 지식과 현장 적응 능력의 증진.
  - 태권도의 무도적(武道的) 가치 증진을 위한 철학적 탐구 능력의 신장.

- 창의적 문화인
  - 실험·실습 기회의 확충을 통한 태권도 문화의 창조 능력 양성.

- 미래의 태권도 지도자로서 다양한 계층의 수련자를 지도할 수 있도록 효과적인 의사 전달 방법 습득.
- 한국 및 외국 스포츠 문화를 통한 다문화 이해 및 수용 능력을 갖추고 이를 토대로 비교 연구 및 학술 교류 활동의 참여 확대를 꾀함으로써 문화적 독창성과 보편성 이해.

- 자주적 세계인
  - 태권도 종주국의 지도자로서 요구되는 인성과 예절, 리더십의 함양.
  - 국제적 보급 및 봉사 활동에 필수적인 외국어 능력 및 정보, 자원, 기술의 처리 능력 및 활용 능력의 배양.
  - 지역·국가·국제 단위의 태권도 행사 참여를 통하여 문화, 체육 행사의 조직과 협력 및 운영 경험 축적.

경희대학교 태권도학과

◎ 학과 소개

　1983년, 4년제 대학 세계 최초로 신설된 경희대학교 태권도학과는 명실상부 국내·외에서 최고의 학과로 인정받고 있다. 본 태권도학과는 국제 및 국내에서 개최되는 각종 태권도 대회에 참가하여 우수한 성적을 거두며 꾸준히 국가 대표를 배출해 냄으로써 국기 태권도의 세계적 위상 고취에 크게 이바지를 하고 있음은 물론, 문화 세계를 창조하는 창학 이념을 바탕으로 합리적인 사고방식과 질 높은 교과 과정을 통하여 전문 기술을 갖춘 실력 있는 인재를 양성함으로써 세계적인 지도자로 자리매김할 수 있도록 앞장서고 있다.

◎ **설립 목적**

　태권도학과는 국제화, 세계화, 정보화의 가치가 드높은 21C에 새로운 태권도 발전의 가능성과 전문성을 제시하기 위해 고차원적인 정신문화와 과학 문명이 조화롭게 발달된 인간 사회를 가리키는 '문화 세계의 창조'라는 창학 이념을 바탕으로 과학적이고 합리적인 사고방식과 이를 구체화하는 전문 기술을 접목함으로써 인류 사회의 발전에 기여할 수 있는 인재 양성을 특성화 목표로 한다.

　또한 태권도학과의 기본 목표에 따라 '창의성과 자율성을 존중하는 인재교육', '과학적, 합리적 사고를 추구할 수 있는 인재교육', '우리 문화의 이해와 가치를 창조할 수 있는 인재교육', '민주사회 공동체 발전에 공헌할 수 있는 인재교육'을 바탕으로 한 도장 경영, 경기 지도자의 양성, 해외 사범의 양성에 중점을 두고 있다.

　이를 기반으로 졸업 후에는 국내를 비롯한 해외 각지에서 겨루기, 품새, 시범 코치 등의 태권도 지도자, 초·중·고등학교 교사와 더불어 각 계층의 체육지도자, 그리고 경희대학교 총장기 태권도대회 운영 경험을 통한 각종 체육협회의 사무 및 실무직 등 사회 각 분야에서 활발하게 활동하고 있다.

◎ **커리큘럼**

　학생들의 자발적인 연구 활동과 실기 및 실무 능력을 향상시키는 데 경희대 태권도학과는 학과 차원에서 필요한 지원을 아끼없이 하고 있다. 경희대 체육대학 내 연구기관으로 국제 태권도 연구소를 설립하여 태권도에 대한 연구 활동 지원 및 심층적 연구 활동과 각종 세미나 개최 등을 통하여 태권도의 학문적 정립에 부흥하는 세계적 태권도 지도자 육성을 위해 노력하고 있다.

특히 1989년부터 개최되고 있는 경희대학교 총장기 전국 남·여 고등학교 태권도대회는 그동안 수많은 고등학교 선수들이 참여해 많은 국가 대표급 선수를 발굴하는 데 크게 기여했을 뿐만 아니라 경희대 태권도학과 학생들이 대회 운영에 직접 참여하여 실무 경험을 함으로써 추후에 취업에도 많은 도움이 되고 있고, 실제로 졸업생들이 여러 협회 및 대회 위원으로 활동하고 있다.

또한 졸업 공연으로부터 시작된 태권도를 주제로 한 정기 공연은 태권도에 공연이라는 요소가 더해져 기존의 틀을 깬 새로운 태권도의 분야로 재탄생함으로써 대중들로부터 높은 관심을 받고 있다. 공연 수익금의 일부는 장학금으로 지원되며, 태권도 공연이 교내 커리큘럼으로 편성이 될 만큼 태권도의 저변 확대와 사회 공헌에 지대한 역할을 담당하고 있다.

경희대 태권도학과는 전문적인 지도자가 되기 위한 학과로 국내·외에서 태권도 지도자로 활동하기를 희망하고, 이에 관심이 높은 학생들이 선택하는 것이 바람직하다. 또한 기본적인 태권도개론을 비롯하여 태권도사와 같은 인문계열, 성장발달론과 같은 자연과학 계열에 대한 전반적 지식과 품새, 겨루기, 시범 등 태권도 실기 전반에 대한 습득이 필요하므로 이를 수행할 수 있는 마음가짐이 준비되어 있어야 한다.

계명대학교 태권도학과

◎ **설립 목표**

계명대 태권도학과는 변화하고 있는 시대에 걸맞게 계명대학교의 교육 이념과 교육 목표를 이루고자 학문의 탁월성과 교육의 윤리성 앙양, 실존의 본질성 연찬을 정립하고, 태권도의 독창성과 우수성을 지속적으로 발전시킴과 아울러 진리를 탐구하는 창의적이고 유능한 태권도 지도자를 양성하는 데 목적이 있다.

◎ **양성 방안**

이와 같은 목적을 달성하기 위해 태권도학과에서는 태권도 실기 능력, 지도 능력, 이해 능력, 스포츠 과학 정보 분석 및 활용 능력을 제공하고 있으며, 매년 품새 및 겨루기 대회, 계명 한마음 태권제를 개최하여 개인의 실기 능력 향상과 자신감을 갖게 하고, 전문 태권도 지도자 및 지역 사회 태권도의 저변 확대 및 활성화를 위해 노력해 오고 있다.

또한 국제 교류 촉진, 각종 연수, 세미나 등을 개최하고 있으며, 하계-동계 방학을 이용하여 미국, 캐나다, 유럽 지역 등에서 해외 사범 연수 기회를 제공하여 학생들이 국제적인 지도 능력을 갖추도록 노력해 오고 있다.

특성화 사업팀을 결성하여 태권도에 대한 여러 방면을 연구 개발하고 있으며 세미나와 대회 유치 등 활발한 활동을 통하여 태권도학과의 학문 연구 업적을 높이고 있다.

태권도학과 학생회에서는 국내·외 현장 경험, 태권도 이론, 국가대표 선발전 참관 및 기술에 대한 연구 활동을 통해 학생들이 태권도에 전문적인 지식과 경험을 얻도록 힘을 쓰고 있다. 따라서 계명대 태권도학과에서의 학습 경험은 미래의 태권도 전문인들의 자질 향상과 잠재력 개발에 기여할 것이다.

나사렛대학교 태권도학과

◎ **학과 소개**

태권도는 육체적 단련과 정신적인 수련을 병행하여 인격의 조화로운 발달을 도모함으로써 건전한 인간을 형성하는 데 그 의의가 있다. 정신과 신체 수련의 구체적인 관계의 교육이 바로 이론 강의와 실기 수련 방법으로 이루어진다. 태권도의 이론 강의에서는 학문적으로 태권도의 이론적 뒷받침과 태권도 기술의 수련 내용 및 방법 등에 대하여 논의함으로써 태권도의 다양한 교육적 가치를 확립하도록 하고 있다.

◎ **교육 목표**

교육 목표는 인간과 사회의 바람직한 상태에 관한 철학적 이념적 탐구, 사회 및 문화 발전을 전제로 한 사회 문제 및 필요의 분석, 특정 사회의 역사적 현실에서 본 대학의 기능 검토, 학생들의 필요의 진단, 각 학문 체계에서의 전문적 필요의 구명을 기초로 하여 설정되었으며, 유능한 국제적 지도자 양성을 기본 목표로 하고 있다.

국제적 요구 환경의 수련을 지원하기 위한 스마트하고 전문적 지식 및 실천적 능력을 지닌 지도자, 협업과 존중으로 소통하고 융합하는 창의적인 지도자, 올바른 인성과 윤리적 의사결정 능력을 지닌 전인적인 태권도 지도자 양성을 목표로 하고 있다.

◎ **특성화 전략**

국내, 외 종합대학 중 2003년도 세계 최초로 태권도(선교)학과를 신설하여 국제적인 태권도 지도자를 교육하고 양성하며 세계 52개 나사렛대학교에 교수요원으로 파견하며, 세계태권도연맹 206개국의 회원 국가와 150개 나사렛 교단 국가에 태권도 지도자로 파견하는 것을 **목표**로 힌다.

◎ **대학의 인재상**

N형 인재의 'N'은 우리 대학의 핵심가치(인재상)를 반영하는 개념들의 두문자를 따서 상징적으로 표현한 것이다. N은 나사렛대학교의 두문자로, 새롭게 사고하고 실천하며(New Being), 하나님을 경외하며 전파하고(Networking), 이웃을 존중하고 사랑하는(Neighborhood) 나사렛대학교의 인재상을 의미한다.

◎ **태권도학과의 인재상**

T형 인재의 'T'는 태권도학과의 핵심 가치(인재상)를 반영하는 개념들의 두문자를 따서 상징적으로 표현한 것으로서, 새롭게 사고하고 실천(New Being)하는 재능(Talent)을 갖추도록 노력하며, 하나님과 이웃을 진실(Truth)로 사랑하고 언제, 어디, 어떤 상황에서든 훈련된 마음(Training)으로 문제를 해결할 수 있는 창의적으로 준비된 태권도학과 인재상을 의미한다.

단국대학교 스포츠과학대학 국제스포츠학부 태권도전공

◎ 학과 소개

　무예인으로서의 올바른 자질을 함양한 태권도 지도자를 교육 및 배출을 목적으로 국제화 시대에 맞는 태권도 지도자와 선수가 갖추어야 할 지식과 덕목의 전문화가 요구된다. 국제화 시대에 맞는 차별화된 교육 과정을 통해 엘리트 및 생활 체육 지도자를 양성하여 국기 태권도를 세계적으로 보급하고 태권도의 우수성과 기술적 특성을 세계화하는 데 기여한다.

◎ 교육 목표

- 국제화 방안
  - 단국대학교 중장기 발전 계획 'Dynamic Dankook 2027'의 도전과 창조의 글로벌 대학으로 이끌기 위해 글로벌 교육법과 연구를 통한 전문 인재를 양성한다.
  - 원활한 외국어 회화 기법과 교육을 통하여 졸업 후 해외 진출 및 해외 취업, 국내·외에 소재해 있는 해외 기업에 취업하도록 한다.
  - 미시적으로는 국내 모든 스포츠 단체와 거시적으로는 국제 기구와의 협약을 통해 세계화에 앞장설 수 있는 단국대학교 스포츠과학대학 국제스포츠학과를 구축한다.
  - 국제스포츠학과 및 국내·외 글로벌 기구와 소통한다.

- 내실화 방안
  - 대한민국 최상위 스포츠과학대학을 주목표로, 국제 사회에 맞는 실무형 인재 양성과 국제화 역량 강화를 세부 목표로 설정하여 스포츠과학대학

특성화를 통한 단국대학교의 정신을 계승한다.
- 현장 중심의 교육을 실시할 것이며, 외국 학생과 팀을 이뤄 실질적인 언어와 문화 교육을 통해 글로벌 인재 양성이 이루어질 수 있도록 한다.
- 문화체육관광부, 대한체육회, 체육인재육성재단, 국민체육진흥공단, 한국대학스포츠총장협의회의 인재 육성 전략을 참고로 국가 취지에 적정한 역할을 수행한다.
- 국내·외 해당 분야 최고의 권위자 초빙으로 교육의 활성화, 산학 연계를 통한 기업연구소 유치, 해외 우수 국제 스포츠 교류와의 다양한 교류 협약, 글로벌 프로그램으로 공동체 의식 함양, 학생의 글로벌 가치를 증진한다.
- 급변하는 국제 사회 발전에 따른 특징을 학문적으로 분석하고 국·내외적인 변화를 통찰하여 세계적 경쟁력을 갖춘 스포츠 전문인력을 양성한다.
- 제4차 산업혁명에 대비한 경쟁력 확보와 미래 사회에 능동적 대처 및 실천을 할 수 있는 인재를 양성(빅데이터, 사물인터넷, 인공지능)한다.

◎ **국내외 교류**
- 국내외 기관과 MOU 체결
  - 국내외의 규모가 큰 태권도 관련 기업 및 단체와 업무 협력 체결
  - 기업에서 요구하는 기능과 자격증 취득 권장
- 대한태권도협회, 국기원, 태권도진흥재단, 세계태권도연맹 등 태권도 기관과 연계하여 태권도 관련 주요 프로젝트를 수주한다.
- 학기 및 과목 인턴십 제도 시행을 통한 기대 효과
  - 국내 태권도 또는 스포츠 관련 실무연수 및 취업 기회를 확대한다.
  - 방학을 이용한 해외(미국, 캐나다, 유럽, 중국 등 세계태권도연맹 산하 각 회원국 208개국) 인턴십 프로그램을 운영한다.

- 졸업 예정자(3, 4학년생)를 위한 해외 성공 태권도장 인턴십을 통한 학점 취득 기회를 마련한다.

- 해외 인적 네트워크 활용으로 경쟁력 향상

  태권도학과 역량이 있는 교수의 해외 인적 네트워크를 충분히 활용하여 태권도학과 전 학년(1~4)과 해외 성공 태권도 CEO 간 1:1 또는 1:2 멘토 시스템을 구축하여 졸업 후 논스톱 해외 진출의 기회 확대 및 국제적 마인드를 갖도록 하여 학과 취업 및 입시 경쟁력 향상을 기대한다.

- 산업체와 연계한 특별 과정 운영

  태권도 관련 취업 동아리를 만들고 산업체 인사를 동아리 지도 위원으로 위촉하여 초청 특강 및 기관 및 업체 방문 견학 등의 정기적 교류를 통해 실무 교육이 이루어지도록 한다.

◎졸업 후 진로

졸업 후 국내·외 태권도 관련 지도자 및 선수 등의 다양한 직종으로 진출할 수 있다.

- 태권도 선수
- 태권도 코치
- 국내·외 태권도 협회 직원
- 장교, 부사관, 경호원
- 국내·외 태권도장 사범, 관장
- 스포츠센터 직원, 체육 관련 학원 창업
- 체육교사, 방과 후 교사
- 태권도 신문 기자 및 방송업계 종사자
- 연기자, 스태프, 공연 예술 지도자

◎ 기타
- 태권도 전공은 입학부터 졸업에 이르기까지 학생-교수 간 지속적인 면담을 통해 학교생활에 적응 및 고충을 해결해 줄 수 있는 지도교수제를 시행할 예정이다.
- 학기마다 학생 상담을 통해 실적을 정확히 측정하고 평가할 것이며, 그에 따른 보고서 작성을 통하여 자료를 분석하고 개선 방안을 도출하기 위해 노력할 예정이다.
- 총 2명의 전임 교원들은 총 3회 학생 상담을 실시하면서 다양한 의견들을 수렴한다. 학과 교수들은 학생 상담을 통해 확인한 중요 건의 사항과 학과 개선 방안을 수시로 접수하여 학과 교수 회의에서 토의하며, 그 주요 내용을 주기적으로 정리할 예정이다.

동아대학교 태권도학과

◎ 학과의 비전

　태권도는 한국의 국기만으로서의 역할을 하는 것이 아닌 올림픽과 더불어 점점 세계인의 스포츠가 되고 있으며, 이로 인해 태권도에 관심이 있는 많은 외국인들이 태권도 종주국인 우리나라에 들어와 전문적이고 체계적인 교육 과정을 습득하기 원하고 있다. 이러한 배경을 가지고 동아대 태권도학과는 국내 태권도의 성장뿐만 아니라 글로벌 시대에 맞는 세계적인 학과로 발전하기 위해서 교육 및 프로그램을 진행하여 세계 제1의 태권도학과를 만들고자 한다.

◎ **교육 목적 및 목표**

동아대학교 태권도학과는 타 대학에 비해 이미 해외 인턴십 과정이 활성화되어 있는 학과로 정평이 나 있으며, 이러한 장점을 잘 부각해 해외 취업률이 높은 대학으로 발돋움하려는 교육 목적을 가지고 있다.

【교육 목적을 구체화한 교육 목표의 제시】

목적	글로벌 인재 육성	엘리트 태권도선수 트레이닝	다양한 취업 활성

구체적인 목표	▪ 전공 영어 강의
	▪ 확대/ 영어 몰입 교육
	▪ 해외 인턴십과 같은 파견 연수
	▪ 해외 대학과의 복수 학위 제도
	▪ 의과대학과의 공동 연구
		▪ 과학적인 운동 수행 능력 테스트 및 피드백
		▪ 국내·외 우수 선수와의 공동 트레이닝 시스템 구축
		▪ 방학을 이용한 해외 전지훈련
		▪ 특기생 인원 확충을 통한 경쟁력 강화
			▪ 해외 대학과의 협력 체결
			  - 복수 학위 제도 추진
			▪ 해외 파견 및 연수
			  - 해외 인턴십
			▪ 대학원 진학을 위한 정보 게시 및 기타 필수 자격증 획득
			▪ 컴퓨터 관련, 어학, 기타 자격증 획득
			▪ 영어 관련 특강 실시
			  - 토익 고득점 획득을 통한 취업 기회의 확대

▶ 저학년 때부터 진로를 설정하여 학생들의 흥미 분야를 적극적으로 지원함
▶ 목적별 분야를 교수님들이 책임지고 실시함
▶ 연도별 취업 현황, 자격증 획득 현황, 학생 만족도를 조사함
▶ 자체 평가 후 시상 및 지원

1) 단기 목표
- 글로벌 인재 육성
  - 전공 영어 강의 확대/ 영어 집중 교육
  - 주기적인 해외 인턴십

- 학과 실험 실습비
  - 해외 파견 및 교육 연구
  - 해외 인턴십의 경우 동아대학교 태권도학과의 독보적인 프로그램(학과에서의 지원 필수)
  - 학생들에게 약 6%(20만 원 정도)의 실험 실습비를 받아서 학생들에게 돌려주는 것

- 엘리트 태권도 선수 트레이닝
  - 과학적인 운동 수행 능력 테스트 및 피드백
  - 국내·외 우수 선수와의 공동 트레이닝 시스템 구축
  - 방학을 이용한 해외 전지훈련 실시
  - 특기생 인원 확충을 통한 경쟁력 강화

- 태권도학과 시범단 운영을 통한 특성화 전략
  - 국내 대학 중 태권도학과가 있는 대부분의 대학은 학과의 홍보와 해외 취업에 중추적인 역할을 할 수 있는 태권도 시범단을 운영하고 있다. 동아대학교 태권도학과 시범단은 2008년 3월에 학과 학생들을 중심으로 시범단을 창단하여 학과 및 학교 홍보에 중추적인 역할을 하고 있으며, 졸업 후 해외 취업 및 지도자로 진출하는 데 그 목적이 있다. 대표적인 활동으로 세계태권도선수권대회 시범 공연, 미국 순회공연, 동아대학교 총장배 품새대회 시범 등 국내외 약 100여 회의 공연 경력이 있다.
  - 해외에서 추진되는 국제 행사의 시범 공연

- 창단 기간은 짧으나 이미 동아대학교 태권도학과 시범단의 인지도는 널리 알려져 있기 때문에 국내외 각 기관에서 행사 초청 제의가 많다. 따라서 시범단 파견을 통한 해외 공연 등으로 동아대학교는 물론 세계에 태권도를 알릴 수 있는 기회가 제공된다.
- 현재 해외 태권도장과의 연계를 통한 시범 공연 및 인턴십 체결
- 현지 도장과의 연계를 통해 시범단 학생들이 파견되어 평일에는 해외도장에서 숙식 해결 및 인턴십을 수행하고 주말에는 시범단원들이 모여 각종 행사에서 시범 공연을 펼침으로써 경비 절감은 물론 효과적인 실무 능력 향상과 어학 능력 향상 등 1석 3조의 효과를 볼 수 있음.
- 국내 사회봉사 활동 및 공연 활동
- 동아대학교 교육 역량 강화 사업과 연계하여 지역 주민들에게 시범 공연을 보임으로써 문화적 볼거리를 제공하고 지역 주민들에게는 동아대학교를 홍보할 수 있는 기회를 제공한다. 또한 게릴라 시범 및 지역 축제 등에 참석하여 학과 홍보 및 인지도를 향상한다.

- 태권도학과 겨루기 선수단 운영을 통한 특성화 전략
  - 동아대학교 태권도 겨루기 선수단은 올림픽 두 명의 금메달리스트를 배출하였으며, 그 외 아시안게임, 유니버시아드대회, 세계선수권대회 등 대규모의 국제대회에서 매년 상위의 성적을 획득하여 학과의 명예뿐만 아니라 태권도 강국으로서의 위상을 전 세계에 알려 나가고 있다. 현재 해외에 진출해 있는 본교 출신의 태권도 지도자는 대부분이 겨루기선수단 출신으로 각국에서 태권도 임원 및 지도자, 태권도장 관장 등으로 재직 중이며, 학과 발전에 중추적인 역할을 함과 더불어 동문으로서 많은 후배들을 위한 지원을 아끼지 않고 있다.
  - 특기생 인원 확충(남자 4명, 여자 4명)
    특기생에 비해 비특기생(일반 학생)의 비율이 높아 학생들의 성적 관리나 사고 등의 행정 처리에 문제점이 많이 노출되고 있으며, 운동에만 집

중할 수 있는 환경이 조성되어 있지 않기 때문에 인원 확충을 통하여 실질적으로 운동에만 전념할 수 있는 여건을 조성, 좋은 성적을 거둘 수 있는 국내 최상위 수준의 선수단을 구성하고자 한다.

- 방학을 이용한 해외 전지훈련(하계, 동계)
현재 태권도는 전 세계적으로 평준화되어 있는 것이 실정이며, 이는 국내 태권도가 세계 최고라는 자만이 부른 결과이다. 따라서 우수한 실력을 갖춘 해외 국가로의 전지 훈련을 통한 실력 향상 및 국제 오픈대회 등에 출전함으로써 국제적인 감각을 키우고 어학 능력 향상 및 여러 가지 시스템을 보고 배움으로써 견문을 넓힐 수 있다.

- 학기 중 우수한 외국팀 유치를 통한 합동 훈련
동아대학교의 태권도 겨루기 선수단은 이미 우수한 실력이 이미 국제적으로 많이 알려져 있기 때문에 학기 중에 외국의 우수한 대학의 선수 및 국가 대표 선수단들을 초청하여 합동 훈련을 함으로써 실력 향상은 물론 학생들에게는 글로벌 마인드와 외국인들과의 커뮤니케이션을 통한 어학 능력 향상에도 도움이 됨.

– 태권도학과 품새 선수단 운영을 통한 특성화 전략

- 2009년 시범단 아래 창단되어 시범단 소속으로 활동하다 2010년 태권도 품새 선수단으로 분리되어 운영되고 있으며, 현재 각종 국내 대회에서 상위권의 성적을 거둠으로써 두각을 나타내고 있다. 하지만 아직 수도권 대학에 비해 수준이 떨어지는 것이 사실이며, 우수한 신입생들을 유치하여 향후 겨루기 선수단과 마찬가지로 최고의 선수단으로 발전시키고자 한다.

- 전문 코치 영입
과거 태권도 품새단은 태권도 겨루기 선수단처럼 감독과 코치가 따로 정해져 있지 않아 관리·감독의 소홀함이 있었다. 이후 태권도 품새 선수단을 전문적으로 담당하고 지도해 줄 수 있는 감독 및 코치를 영입하여 관리·감독을 강화하였다.

- 지역 사회와 연계한 태권도 교육
  동아대학교 교육역량강화사업과 연계하여 지역 주민들에게 태권도의 기본이 되는 품새를 교육함으로써 비만의 개선 및 운동량을 증진함으로써 지역 주민들 삶의 질을 향상시키고 동아대학교의 이미지를 제고하였다.

- 해외 도장 및 기관과 연계한 인턴십 프로그램 개발
  현재 우리나라는 품새에 비해 겨루기에 경기가 치중되어 있는 것이 현실이나 외국에서는 부상의 발생 빈도가 높은 겨루기보다는 품새를 선호한다. 따라서 우수한 학생들을 해외에 파견시켜 수준 높은 교육을 함으로써 동아대학교를 널리 알리고 학생 본인은 글로벌 마인드와 지도자로서의 역량을 강화하고 향후 졸업 시 그 경험들을 바탕으로 취업 선택의 폭이 넓어질 것이다.

2) 장기 목표

- 동아태권도 평화봉사단 개설

  태권도 평화봉사단을 개설하여 정부 자금으로 운영되는 봉사단 개설

- 최첨단 태권도 연구와 교육

  태권도 wellness 연구회를 통한 태권도 과학 연구

- 태권도 품새 대회 미국 개최

  해외에 있는 동문 도장과의 협력을 통해 2년마다 대회 개최 추진

■ 입학 및 편입학 관련 사항

태권도 특기생 및 각 영역에 특성화된 학생들을 선발하고 운영하기

위해서는 인원 확충이 절실하다고 할 수 있다. 태권도학과는 매년 입시 모집에서도 항상 높은 경쟁률을 보이며, 우수한 학생들의 지원율이 높지만, 인원의 제한 때문에 인재 모집에 어려움을 겪고 있다. 이는 학과 특성상 대규모 시합이나 공연 등을 해야 할 때에도 인원으로 겪는 제한 사항이 많기 때문에 보다 많은 인원 확보를 통한 원활한 학과 운영이 요구된다고 할 수 있다.

■ 학생 개발 계획
(1) 학생 교육 개발 계획
- 교과과정 운영
  • 글로벌 교과과정 도입: 해외 파견 및 해외 대학의 학위 수여를 위한 실기·실험 교과목의 심화 학습이 가능하도록 교과목 개편
  • 미국 대학과의 교류를 통한 복수 학위 제도 추진

- 교수에 의한 학습 촉진
  • 교수·학생 간의 간담회를 통한 학생들의 요구 사항을 반영하여 학습 촉진 지표로 활용
  • 연차별 우수 교원 확보를 통한 교육의 내실화

- 면학 분위기 조성
  • 토익 성적 우수자 공개 포상제도: 공개 포상을 통한 동기 부여 및 면학 분위기 조성
  • 장학금 지급 규정에 토익성적 20% 반영

- 학생 교육 지도의 시행과 계획과 교육성과 평가 및 평가 결과의 피드백
  • 교수·학생 간의 간담회 시 결과물 설명과 방향 설정(학과 교수 전체 참석)
  • 개·종강 집회 시 학과장의 학과 발전 정책 제시(학과 교수 전체 참석)

(2) 학생 지도 계획

- 차별화된 맞춤형 평생 지도 교수제 시행
  - 학생 개인의 장래 희망에 따른 맞춤형 평생 지도 교수제 시행
  - 교수의 인력에 의한 취업 용이성 극대화

- 진로 및 취업지도 체계
  - 취업 준비를 위한 학년별 프로세서 진행
  - 취업반 제도 운영

(3) 학생 교육 개발계획

- 1학년부터 진로의 중요성을 설명하고 2학년부터 희망 분야의 적극적인 교육 실시

- 분야별 책임 교수의 지도하에 스터디 그룹을 결성

- 학기 말 종강 시 자체 설문조사를 실시하여 다음 학기 교육 내용과 방법 변경을 검토

(4) 학생 지도 계획

- 교수별로 평생 지도 교수 면담을 통하여 지도 학생의 면학 의욕 고취와 학업 능력 향상을 꾀함

- 수시로 학생들과의 면담을 통하여 각종 상담과 지도 실시

(6) 학생 단체 활동 지원 계획

- 학생별로 스터디 결성을 독려
- 학교의 교육 역량 강화 사업과 연계하여 지원 방안을 모색

◎ 연구 발전 계획

- 연구 시설 확충 및 연구 인력 확보

  연구 전담 교수 충원을 통한 연구력 제고

- 연구 지원 체제

  학과 교수 개인별로 한국연구재단의 각종 연구비나 대형 국가 프로젝트를 수주함으로써 연구재원을 확보

◎ 대외협력 및 사회봉사 발전 계획

분야	세부사항
지역 사회	- 태권도를 통한 비만 개선, 노인 건강 프로그램 개발 및 지도자 파견 - 복지기관에서의 봉사 실시(태권도 시범 관람, 태권도 지도)
국제 교류	- 해외 도장들과의 교류를 통한 해외 취업 활성화 - 해외 태권도 봉사 참여를 통한 봉사 활동 체험
산학 협력	- 경호업체들과 교류 협력을 실시하여 학생들의 현장 실습과 함께 인턴 후 취업이 연계될 수 있는 시스템을 구축

상지대학교 태권도학과

◎ 학과 소개

태권도학과 전공은 한국의 전통 무예인 태권도의 이론과 실기를 탐구하고 학습하여 국제적인 무예 지도자를 양성한다. 무도인으로서 지녀야 할 기초 지식, 응용 지식에 대한 과학적인 탐구는 물론 실기 능

력, 지도 능력, 어학 능력, 경영 능력 향상에 중점을 두고 있으며, 각종 대회 입상 시 장학금을 지급한다.

◎ **성과**

그동안 거둔 성과로는 상지대학교 총장배 전국태권도 품새 및 격파대회 개최(전국태권도공인대회-도내 유일), 제48회 전국대학태권도 개인선수권대회 종합우승 등 다수의 우승기록)이 있다.

용인대학교 태권도학과

◎ **학과 소개**

용인대학교의 태권도학과는 우리 전통 무도인 태권도를 계승 및 발전시키고 태권도 종주국으로서의 자존심을 지키기 위해 개설된 역사와 전문성을 자랑하는 학과이다. 용인대학교 태권도학과 선수단은 올림픽, 아시안게임, 세계선수권대회 등 각종 대회에서 우수한 성적을 거두며 세계에 우리 전통 무도인 태권도를 알리고 있다. 또 용인대학교 태권도학과 시범단은 미국, 동남아, 유럽뿐만 아니라 태권도 불모지인 세계 각국으로도 파견돼 태권도 보급과 한국 전통 문화를 알리는 데도 앞장서고 있다.

◎ **교육 목적**

용인대학교 태권도학과의 교육 목적은 이론과 실기가 조화된 태권도의 학문적 체계를 확립하고, 태권도 정신에 입각하여 과학적인 지도와 연구를 수행할 수 있는 태권도 지도자를 육성하는 것이다.

◎ **교육 목표**

교육 목표는 태권도의 정체성을 확립하고 민족 문화를 창달할 인재, 태권도 전문 지도자와 글로벌 태권도 인재, 태권도 정신을 구현하고 사회에 기여할 봉사인을 양성하는 것이다. 태권도학과에서는 태권도의 인문학적·과학적 지식을 학습하고 경기력 향상을 위한 기술을 학문적으로 탐구하는 학과이다. 본과에서 태권도의 기본 기술을 배운 학생들은 전문 전공 과정의 훈련을 통해 선수로 활동하거나 지도자로 활동한다. 또한 태권도의 철학적 이해와 태권도 수련을 통한 건강 증진 등의 실용적인 연구도 병행하고 있다.

◎ **커리큘럼**

- 기본 기술 원리

  태권도 전문 기술 습득을 위한 전 단계로서, 태권도 경기화에 따른 겨루기와 품새 기술의 특성을 이해하고 개발할 수 있는 기능을 습득하는 것에 중점을 둔다.

- 도장 캠프 운영 관리

  태권도장 응용프로그램으로 야영 및 야외 활동에 필요한 기초 지식과 태권도 수련 생활에서 받는 스트레스 관리에 필요한 지식을 갖춰 태권도 지도자로서의 자질을 갖추게 한다.

- 기본 기술 응용

    태권도 전문 기술 습득을 위한 전 단계로서, 태권도의 제반 지식과 실기 능력을 배양하는 것을 목표로 한다.

- 기본 겨루기

    전문인으로서 갖춰야 하는 정신, 체력, 기술을 배양하고 생활 체육 및 엘리트 체육의 지도자 자질을 함양한다.

- 동·서 사상과 태권도론

    세계인을 대상으로 태권도를 지도하는 입장에서 동서양의 다양한 정신 및 사상의 인지를 통해 태권도의 인문학적 가치와 문화에 접목하는 능력을 키우는 것에 중점을 둔다.

- 태권도 코칭론

    태권도 지도자로서 갖추어야 할 기본적인 전문 지식을 바탕으로 경기 현장에서 적용할 수 있는 능력을 키우는 것에 중점을 둔다.

- 경기 겨루기

    태권도 겨루기의 다양한 발기술, 연결 발차기, 기술 발차기, 새로운 기술 등과 같은 기술을 개발 및 습득하고 이를 현장에 응용할 수 있는 능력을 키우는 것에 목적이 있다.

- 태권도 건강론

    이 수업의 주제는 태권도를 실천하는 것이 신체와 정신 건강을 증진하는 가장 좋은 방법이라는 것을 이해하기 위해 서양과 동양 전통의 건강 증진에 대한 다양한 이론을 공부하는 것이다. 이를 통해 학생들이 태권도에 의한 건강 증진 이론의 중요성을 다음 과목으로 이해하도록 한다. 태권도로 정신력을 기르고, 태권도에 의한 심혈관 기능의 발달. 태권도에 의한 근육 기능의 발달. 태권도 수련을 '양생'이라는 활력 향상을 위한 무술로 이해시킨다. 연구하는 태권도인을 만들기 위한 몸과 마음 융합의 개발이다.

- 품새

  태권도 품새 원리 및 경기를 이해하며 실생활에서 응용할 수 있는 태권도 기술 습득을 통해 세계 무대에서 태권도를 지도할 수 있는 지도 능력을 향상하는 것에 중점을 둔다.

- 태권도 수련과 생애주기별 발달

  생애 주기에 내재해 있는 학습 및 생활의 기본적인 단면들을 적절히 설명하고 생애 주기와 관련 있는 태권도의 신체 활동을 설정하여 현장에 적용하고자 한다.

- 태권도 시범

  시범에 필요한 기초 지식(본질, 특성, 분류, 구성 요소, 미적 세계, 예술적 가치, 대형 및 프로그램 등)과 시범 관련 기술들을 습득하여 지도자의 자질과 능력을 함양한다.

- 운동 상해 및 처치

  태권도 수련 시 발생할 수 있는 각종 상해를 예방하고 응급처치 및 재활에 대해 학습한다.

- 태권도 국제관계

  태권도 세계화를 지향하고 태권도 지도에 필요한 필수적인 영어 이해 및 구사 능력, 특히 효과적인 의사소통 능력을 배양하며, 전공 서적들을 공부하여 국제적인 지도자로서의 자질을 배양한다.

우석대학교 태권도학과

우석대학교는 태권도의 세계화, 태권도의 대중화, 태권도의 전문화라는 세 가지 모토를 기치로 내걸고 학생을 교육하고 있다.

◎ 교육 목표

태권도와 공연예술의 융·복합적 교육 과정을 통한 한(韓)브랜드형 인재상을 제시하는 것이다. 즉, 태권도와 공연 예술의 결합을 구현하여 우리 고유의 문화콘텐츠 경쟁력 제고를 위한 인적 인프라를 구축하고, 태권도 공연 예술의 가치 발견을 통해 한류 확산의 원동력 제시. 글로벌 '품격'을 가진 태권도 공연 예술 전문 인력 양성을 통한 명품학과로서의 발전 모델을 제시한다.

태권도 지도자 및 경기인 양성을 통한 태권도 명문 학과의 위상을 확립하여 세계 태권도를 선도할 수 있는 교육 과정체계 구축을 통한 재학생의 세계화(Globalization)를 구현하고 있다.

◎ 태권 한류의 새로운 출발점

'태권도학과의 중심, 태권 퍼포먼스의 종가, 태권 한류의 시작점이자 종착역'

우석대학교 태권도학과의 별칭은 많다. 우석대학교 태권도학과는 태권도의 세계화, 대중화, 전문화에 앞장선 대표적인 학과이다. 우석대학교 태권도학과는 셀 수 없을 정도의 국내와 해외 공연을 통해 태권 한류를 띄우는 구심점이 되고 있다. 우석대학교 태권도학과를 졸업한 선배들이 전 세계로 진출해 한국을 알리고 한류를 홍보하는 민간

외교 사절로 큰 역할을 하고 있다.

우석대학교 태권도학과는 '한(韓)브랜드 인재양성 사업단'을 통해 교육부의 명품 학과로 선정된 학과이다. 우석대학교 태권도학과는 국립태권도원의 태권도 상설 공연 사업에도 3년 연속 전담 사업자로 선정된 한류 선도 학과이다.

우석대학교 태권도학과는 킬러 콘텐츠의 명가이다. 한국소리문화의전당과 협업해 국악과 태권도가 어우러진 태권퍼포먼스인 '소리킥'을 2018년 세상에 처음 선보이며 세상을 놀라게 했다. 고전소설 '흥부전'과 '동학농민운동' 등을 소재로 한 소리킥과 녹두 공연은 전북특별자치도를 넘어 한국을 대표하는 킬러 콘텐츠이다.

◎ **태권 퍼포먼스의 선두 주자**

우석대학교 태권도학과의 태권도 시범단은 독보적인 존재이다. '태양의 꽃', 'The 춘향', 소리킥 '흥부! 소리를 차다', '전우치', '태권유랑단 녹두' 등 자체적으로 개발한 태권극을 통해 태권도 공연의 선두 주자로 인정받고 있다. 우석대학교 태권도학과 시범단의 많은 선배들은 세계태권도연맹, 국기원, 대한태권도협회 시범단원으로 활약하고 있다.

- 국기원 시범단

    15학번 이O혁, 16학번 김O한, 16학번 백O웅, 16학번 주O호, 16학번 차O현, 16학번 김O수, 16학번 김O경, 17학번 박O준, 17학번 김O호, 17학번 이O호, 17학번 박O희, 17학번 여O경, 17학번 강O훈, 19학번 백O규, 19학번 김O원, 19학번 윤O수, 19학번 진O우, 20학번 방O민

- 세계태권도연맹 시범단

  15학번 강○웅, 15학번 진○, 16학번 이○원, 16학번 이○기, 16학번 이○은, 16학번 김○수, 17학번 윤○광, 17학번 정○빈, 17학번 박○준, 17학번 최○길, 18학번 전○욱, 18학번 조○완, 19학번 진○우, 19학번 김○건, 19학번 소○영, 19학번 최○우, 20학번 김○무, 21학번 두○서

- 대한태권도협회 시범단

  17학번 이○범, 17학번 윤○후, 19학번 박○석

◎ 겨루기를 주름잡는 우석대학교

올림픽 정식 종목인 태권도 겨루기는 이미 세계적인 스포츠로 발전했다. 우석대학교 겨루기단은 1999년 창단한 이래 아시아선수권대회, 유니버시아드대회, 세계대학선수권대회 등에서 국가 대표 선수를 배출해 냈다. 또한 전국체육대회, 대통령기 전국태권도대회, 전국대학태권도대회 등 각종 국내 대회에서도 우수한 경기 실적을 거뒀다.

- 2003 유니버시아드 대표 황○화 선배
- 2002 세계대학선발전 1위 김○숙 선배
- 2004 한국대표선수 최종대회 1위 김○선 선배
- 2005 유니버시아드 대표 최○애 선배
- 2007 유니버시아드 대표 이○미 선배와 이○석 선배
- 2007 유니버시아드 대표 황○미 선배
- 2008 세계대학선발전 1위 정○욱 선배
- 2009 유니버시아드 대표 이○형 선배
- 2013 아시아대학 대표 이○찬 선배 등

◎ 바람을 가르는 품새의 정석

　우석대학교 태권도학과는 태권도 품새의 정석으로 불리며 태권도 품새의 새로운 패러다임을 선도한다. 우석대학교 태권도학과 품새단은 대한태권도협회장기 전국태권도품새선수권대회, 대통령기 전국단체대항태권도품새대회, 세계 태권도 한마당, 전국대학태권도연맹 회장기 전국태권도대회, 전국 대학 태권도 개인 선수권 대회 등에 참여해 압도적인 성적을 거두고 있다. 이에 힘입어 품새 선수단의 선배들은 국가 대표 선수로 활약하였다. 18학번 김○엽 선배는 제6회 아시아품새선수권대회에서 자유품새 남녀 복시전 금메달과 지유품새 개인전 은메달을 획득했다.

　이 밖에도 우석대학교 태권도학과 선배들은 국기원, 태권도진흥재단, 대한태권도협회, 세계태권도연맹, 국가 대표 시범단, 중고교 체육교사로 활동하고 있다.

◎ 세계를 주름잡는 태권도 전문가 양성

　우석대학교 태권도학과는 이론과 실기 역량을 겸비한 글로벌 태권도 전문가를 양성한다. 우석대학교 태권도학과는 학생들이 선수 및 일반인 전문지도, 태권도 문화 콘텐츠 개발, 태권도 공연예술, 태권도 경기 운영 지원 등의 능력을 갖출 수 있도록 전문화된 교육 과정을 운영한다. 학생들은 태권도 트레이닝 및 코칭법, 태권도 공연 기획 및 연출, 태권도장 창업경영론, 태권도 기획과 마케팅, 스포츠 태권도 행정과 정책 등의 교과목을 배운다.

　우석대학교 태권도학과는 유럽태권도연맹, 그리스태권도협회, 독일태권도협회, 불가리아태권도협회, 폴란드태권도협회, 스웨덴태권도협회, 이탈리아태권도협회, 미국태권도협회, 멕시코태권도협회, 파라과이태권도협회, 중국태권도협회, 태국태권도협회 등과의 협약을 통해 태권도 지도 방법을 교류하고, 신(新)한류 태권도 문화를 전파한다. 우석대학교 태권도학과는 학생들의 해외 인턴십을 적극 지원하며, 해외에서 우석대학교 태권도학과 지원을 희망하는 수련생들을 초청하는 인적 교류 프로그램도 활발하게 운영한다.

우석대학교 태권도학과는 스포츠지도학과와 함께 '임상운동관리' 융합 전공을 운영한다. 학생들은 스포츠지도학과와의 복수 전공 과정을 통해 근골격계 질환, 운동 손상 재활, 만성질환자의 관리에 필요한 이론 및 실습 지식을 습득한다. 우석대학교 태권도학과는 단순한 태권 한류 확산에 그치지 않고 치료를 넘어 치유의 힘을 가르칠 수 있는 전문 체육인을 양성한다.

조선대학교 태권도학과

◎ **학과 소개**

2004년에 신설된 태권도학과는 한국 고유의 정기와 혼이 담긴 현대 스포츠인 태권도의 학문성과 문화성을 통한 지적·정서적으로 완숙한 사회인을 육성하며, 좀 더 나아가 독창적인 경기 기술과 지도 기술을 개발함으로써 세계 태권도에 이바지할 수 있는 국제적 감각을 갖춘 우수 인재 양성에 중점을 두고 있다.

◎ **설립 배경**

　50년의 역사와 전통을 가지고 있는 조선대학교 체육대학은 시대적 변화에 맞추어 체육·스포츠 발전에 큰 업적을 이룩하여 왔으며, 그 가운데 태권도학과의 설립은 조선대학교의 위상을 높인 것은 물론 태권도부의 양성과 태권도의 저변 확대에 결정적으로 기여했다. 따라서 현재와 미래사회에서의 변화를 고려해 볼 때 태권도 지도자 양성이 절실하게 필요한 시점에서 태권도학과의 제 설립은 태권도 인구의 급증과 욕구의 다양화 그리고 태권도에 대한 올바른 가치관을 기르는 데 도움을 줄 수 있는 충분한 의의와 가치를 가지고 있다고 할 수 있다.

　또한 태권도를 통한 조선대학교의 국내·외적인 홍보, 인지도의 증가 등 그 파급 효과는 대한민국 태권도와 같은 맥락에서 인식되었을 때 매우 크고 긍정적이라고 볼 수 있다.

◎ **교육 목적**

　태권도의 문화적 가치와 과학성을 규명하고 우리 고유의 새로운 학문적 체계를 확립하며 독창적 경기 기술과 지도 기술을 개발함으로써 세계태권도 발전에 이바지할 수 있는 확고한 국가관과 세계관을 지닌 유능한 지도자를 양성하는 것이다.

◎ **교육 목표**

　태권도는 한국의 정기와 혼이 담긴 한국 고유의 무술이며 동시에 현대 스포츠인 태권도의 학문성과 문화성을 통한 지적, 정서적으로 완숙된 사회인을 육성하는 것이다.

　조선대학교 태권도학과는 21세기 세계화·정보화 시대에 교육 시장 개방에 따른 글로벌화 시대에 맞는 인재를 육성하기 위하여 태권도의 국제화에 필요한 언어와 외국 문화 학습과 해외 시장 개척에 필요한 현장 실습 교육을 강화하고 있으며, 취업에 필요한 자격증을 취득할 수 있는 교육 과정을 편성하여 국내 및 해외에 태권도를 전파하는데 교육의 목표를 두고 있다.

◎ **추구하는 인재상**

조선대학교 태권도학과가 양성하려는 인재상은 다음의 세 가지이다.

- **자기주도형 인재**

  태권도 산업 시장(도장경영, 엘리트, 품새단, 공연팀, 기획사, IT 융복합)을 선도할 수 있는 전공 지식, 직무 능력, 창의력을 갖춘 인재.

- **창의융합형 인재**

  태권도의 독창적 경기 기술과 지도 기술 개발을 통해 세계 태권도 발전에 이바지할 수 있는 인재.

- **배려봉사형 인재**

  한국 고유의 정기와 혼이 담긴 태권도의 고유한 문화적 가치를 실현하고, 지역 사회의 가치를 공유할 수 있는 능력을 갖춘 인재.

한국체육대학교 태권도학과

◎ 학과 소개

한국체육대학교 태권도학과는 한국체육대학교가 지향하고 있는 진리·봉사·창조라는 교육 이념 아래, 역량을 갖춘 태권도 전문가 양성과 대한민국의 국기인 태권도를 전 세계에 확산·발전에 공헌할 수 있는 학과로서 다가오는 '4차 산업혁명 시대'에도 지속 가능한 미래지향적 인재를 양성하는 데 목표를 두고 있다. 한 마디로 태권도의 이론 정립과 고급 인재 양성을 목표로 하는 학과라고 할 수 있다.

◎ 연혁

1997년 3월 1일 한체대 내 태권도학과가 야간으로 설립됐는데, 그때 정원은 50명이었다. 2004년 9월 9일 주간으로 전환되었으며 2005년 3월 2일 태권도학과의 첫 주간 학과생이 05학번으로 입학하였다.

2005년 한국체육대학교총장배 전국태권도대회를 처음 개최하여 현재까지 2024년까지 20회를 개최하고 있다.

2011년 4월 6일 강동교육지원청-한국체육대학교 간에 생활체육대학(태권도학과) 교육복지특별지원사업 협약식을 맺었다.

저자 소개

엄성흠

1979년생. 양띠. 엄 코치는 어려서부터 태권도 선수로 국가 대표를 꿈꾸었다. 경희대학교 태권도학과에 진학한 그는 국가 대표의 꿈을 이루기 위해 스포츠의학을 복수 전공하면서 국가 대표 의무트레이너의 길을 걸었다. 2005년 태릉선수촌 트레이너로 선발되며 유승민 선수가 있던 탁구 국가 대표팀 재활 담당 코칭스태프를 거쳐 태권도, 요트, 농구, 럭비, 쇼트트랙과 스피드, 피겨 스케이팅 선수들과 발레와 K팝 아이돌 가수들의 재활 운동과 트레이닝을 담당했다.

선수들의 부상 예방과 경기력 향상을 항상 첫 번째로 생각하며 부상 예방 스터디와 연구를 시작하여 고려대학교에서 스포츠의학 석사와 박사를 수료한 뒤, 고려대학교 스포츠과학연구소 (주)포티움 책임연구원으로 헬스케어와 관한 연구와 선수들의 재활 운동 훈련복과 트레이닝 프로그램을 연구하고 있다. 2018년 작가 권혁신과 『빙상의 전설』을 공동 집필했으며 2024년 1월부터 7월까지 태국 태권도 국가 대표 팀의 재활 트레이닝을 담당하면서 파니팍 웡파타나킷이 올림픽 2연패를 하는 데 스포츠 과학 분야에서 결정적인 역할을 수행했다.

최영석

1974년생. 호랑이띠. 성남에서 태어나 성남에 계속 머물며 성남 풍생고, 경원대 산업공학과를 졸업했다. 이후 강원대에서 체육학 석사 학위를 받았고, 태국의 카세삿대학에서 스포츠 심리 박사과정을 마쳤다. 2002년 2월 부산 태국 대표팀의 임시 코치가 되었다가 아시안게임에서 은메달 두 개를 따며 태국 태권도 사상 최고 성적을 올린 그는 이후 정식 코치가 되어 지금까지 태국 태권도 국가 대표팀을 이끌고 있다.

올림픽에서 복싱과 역도 외에는 메달이 없던 태국에 최 감독은 2004 아테네 올림픽에서 첫 동메달을 안기며 '태권 메달레이스'를 시작했다. 태국 태권도 첫 메달 획득이란 국민적 감격은 왕실훈장으로 이어졌다. 2004년 라마 9세인 푸미폰 국왕의 훈장을 받았고, 꼭 20년 뒤에는 푸미폰 국왕의 장남인 라마 10세 와치라롱꼰 국왕의 훈장을 받아 2왕조에 걸쳐 훈장을 받는 스포츠인이 됐다.

이어 2008 베이징 올림픽 은메달, 2012 런던 올림픽 동메달, 2016 리우데자네이루 올림픽 은메달과 동메달, 2020 도쿄 올림픽 금메달을 포함 5회 연속 올림픽 메달행진을 이어가더니 2024 파리 올림픽에서 또다시 파니팍 웡파타나킷이 금메달을 따내며 올림픽 2연패란 대업적을 세워 지도자로서 '최절정'에 이르렀다.

최 감독은 2004년 왕실훈장에 이어 2006년 총리상, 2007년 최우수 지도자상, 2008년 체육인으로는 가장 큰 영예인 씨암낄라 스포츠대상과 함께 명예의 전당에 이름을 올렸다. 2010년엔 스포츠대상을 다시 한번 수상하기도 했다. 스포츠 최고 지도자에게 주는 시암 스포츠 어워드 스포츠 지도자상만 해도 모두 7회에 이른다. 이제는 태권도로 태국과 대한민국을 잇는 가교 역할을 하고 싶다는 그의 바람은 곧 이루어질 것으로 보인다.